De l'assassinat considéré comme une affaire de femmes

FRANÇOIS RIVIÈRE

De l'assassinat considéré comme une affaire de femmes

CALMANN LEVY

CALMANN LÉVY
ÉDITEUR DEPUIS 1836
www.calmann-levy.fr

COUVERTURE
Maquette : Studio Recto Verso
Photographie : © Patat/Shutterstock

ISBN : 978-2-7021-9082-1

Pour Colette Haudot

Prologue

Une esthétique du récit macabre particulièrement originale est apparue dans l'Angleterre du XVIIIe siècle sous la plume d'une femme à l'imagination débridée nommée Ann Radcliffe. *Les Mystères d'Udolphe* ont dès lors beaucoup fait rêver du sort pathétique de jeunes héroïnes séquestrées dans des châteaux pyrénéens où rôdaient les fantômes auxquels Madame du Deffand ne croyait pas mais qui lui faisaient peur. Le roman gothique allait semer dans les esprits fragiles une terreur que ne tarderont pas à exploiter, au cours du siècle suivant, les pionnières d'un authentique genre littéraire. Le sombre mélodrame de Mrs Henry Wood, *East Lynne ou le déshonneur de Lady Isabel* se vendra, entre 1860 et 1900, à plus de un million d'exemplaires. *Le Secret de Lady Audley* de la prolifique Mary Elizabeth Braddon en fera tout autant. Quelques décennies plus tard, le gothique ayant replié ses ailes de chauve-souris anémiée, une génération nouvelle, outrepassant les règles plutôt rigides de la fiction policière classique inaugurée par Edgar Allan Poe, se mit à l'œuvre. Envoûté très jeune par le chant de ces sirènes anglo-saxonnes, j'ai compris qu'elles étaient animées d'une féroce curiosité pour des destins soumis à la fatalité plutôt qu'à d'ingouvernables penchants. Et qu'elles avaient à cœur de modeler de fascinants personnages à partir de ces âmes perdues. Je les ai lues avec ferveur, j'en ai rencontré certaines, m'ingéniant à comparer leurs talents, conscient qu'un lien mystérieux unissait ces sœurs de sang. Mon opiniâtreté à vouloir les comprendre a fini par m'attirer l'amicale complicité de l'une d'entre elles qui, m'ayant fait des confidences, m'accorda le titre de Boswell. Mais sans doute se moquait-elle gentiment de moi car, pour rien au monde, cette femme singulière n'aurait révélé son grand secret…

1

La correspondance de Raymond Chandler est pleine d'enseignements. Le 17 octobre 1948, le romancier s'adresse à son ami James Sandoe, bibliothécaire et grand érudit en matière de fiction policière, pour lui dire qu'il apprécie particulièrement le talent d'une de ses consœurs britanniques dont il vient de lire un livre remarquable. « Et pourquoi les femmes réussissent-elles ce genre de romans bien mieux que les hommes ? » Cette réflexion pourrait surprendre de la part du créateur du très machiste privé californien Philip Marlowe. Mais tous ceux qui ont savouré les épanchements épistolaires de Chandler ont fini par comprendre que celui-ci n'aimait rien tant que de se plonger chaque soir, le chat Taki sur les genoux, dans la larmoyante bande dessinée *Little Orphan Annie*. Ce qui n'a rien de surprenant lorsque l'on découvre, toujours dans ses lettres, qu'il ne désavouait pas l'avis de la doyenne américaine des auteures de romans policiers : « Je crois que c'est Mary Roberts Rinehart qui a dit que l'intérêt du récit de mystère est d'être deux histoires en une : l'histoire de ce qui est arrivé et l'histoire de ce qui semble être arrivé. » J'évoquerai plus loin la figure tutélaire de cette Mrs Rinehart qu'un auteur « dur à cuire », publié dans la revue *Black Mask*, aurait pu considérer comme une antiquité poussiéreuse. Mais il me semble opportun de faire dès à présent une remarque importante : les écrivains anglo-saxons versés dans la fiction dite « policière » ont depuis longtemps le sentiment d'appartenir à une famille. Tous ont conscience d'avoir pour véritable ancêtre un poète maudit nommé Edgar Allan Poe, auteur de plusieurs contes qui fondent une nouvelle forme de récit faisant appel à l'art de la déduction, laquelle permet au héros, bien souvent le narrateur, de s'illustrer avec éclat. Le chevalier Augustus Dupin, premier magicien ès déductions de l'histoire du roman policier, a imposé sa méthode dans trois textes : « Double assassinat dans la rue Morgue »,

« Le Mystère de Marie Roget » et « La Lettre volée ». Le premier, paru en avril 1841 dans le magazine *Grahams*, marque officiellement la naissance du genre policier, instaurant un rituel auquel, jusqu'à ce jour, demeurent fidèles des auteurs qui ont à cœur de montrer leur appartenance à une généalogie prestigieuse, protectrice et de ce fait éminemment rassurante sur le plan éditorial. Si Edgar Poe a su, de droit divin, définir la structure classique du récit d'enquête, la forme qu'il inaugurait avec aplomb ne demandait en vérité qu'à se voir associée à d'autres imaginaires, impliqués dans des vagabondages littéraires moins subtils que la « ratiocination » chère à Dupin, mais tout aussi productifs.

Celle que l'on qualifie avec révérence de « grand-mère » du roman policier se nomme Anna Katharine Green. Cette native de Brooklyn et fille d'un juriste spécialisé dans les affaires criminelles n'a que trois ans à la mort de Poe en 1849 à Baltimore. Des années plus tard, elle publiera une quarantaine de romans dont le plus célèbre est *L'Affaire Leavenworth* (1878) avec pour héros-détective un certain Ebenezer Gryce. Même si elle lui devait forcément un peu de son inspiration, Miss Green ne tint pas compte du modèle de la *short story* définie par Poe mais se réclama plutôt d'un auteur français, Émile Gaboriau, inventeur du roman judiciaire avec *Monsieur Lecoq* et *L'Affaire Lerouge*, qui connurent outre-Manche et de l'autre côté de l'Atlantique un succès immense.

Émile Gaboriau (1832-1873) était né à Saujon, une bourgade de Charente-Maritime qui se garde bien encore aujourd'hui de faire honneur à l'inventeur du roman policier. Je suis moi-même né à une vingtaine de kilomètres de là, sur les bords du fleuve méandreux où Courbet aimait venir peindre. Et c'est peut-être une voix d'outre-tombe qui me conseilla de m'initier à la fiction de mystère à travers les écrits d'une descendante, par la plume, de Miss Green nommée Agatha Christie, née Miller d'un père américain.

J'avais treize ans lorsque, un beau jour, ma sœur aînée me montra le dernier envoi d'un club de livres auquel notre grand-mère, ardente lectrice, l'avait abonnée. Feuilletant la préface abondamment illustrée de portraits photographiques de l'auteure, une certaine Mary Westmacott – anglaise jusqu'à la monture de ses lunettes en forme d'ailes de papillon –, je fus stupéfait d'apprendre qu'elle n'était autre qu'Agatha Christie. *Loin de vous ce printemps* était un roman sentimental et n'avait à l'évidence rien à voir avec *Le Meurtre de Roger Ackroyd* qui m'avait mystifié. Le comportement du détective Hercule Poirot m'avait enthousiasmé, et même si j'ai plus tard été déçu par *Le Crime du golf*, je m'étais déjà entiché de cette femme de lettres aux allures de bourgeoise chic que j'aurais pu croiser dans les rues de ma ville natale. Il y avait en elle un je-ne-sais-quoi de l'empoisonneuse de Loudun, cette Marie Besnard à qui l'on aurait donné le bon Dieu sans confession. Bref, Mrs Christie commençait à me plaire.

L'été de mes quatorze ans, je fis connaissance avec la perfide Albion, mes parents ayant eu l'heureuse idée de m'offrir un mois de « vacances studieuses » pour perfectionner la seule matière qui me passionnait. Je me retrouvai au domicile d'un couple charmant – sûrement parce que sans enfants – qui, chaque après-midi, me laissait prendre le train à la gare d'Orpington, petite ville du Kent « célèbre pour sa race de poulets », m'avait dit ma mère, afin que je puisse explorer le cœur de Londres. Sans l'avoir cherché, je tombai en extase devant les étals des libraires d'occasion de Charing Cross Road, mais c'est dans un banal Woolworth que je fis l'acquisition, pour deux shillings et six pence, de *Death Comes As The End*, une œuvre de Mrs Christie. J'ignorais bien sûr que ce roman se déroulait à l'époque des pharaons et figurait déjà au catalogue du Masque sous un titre ambigu, *La mort n'est pas une fin*. Je possède encore ce livre de poche dont le dessin de couverture imite un bas-relief égyptien et qui est je crois le premier volume de ma bibliothèque sur lequel j'aie apposé mon nom, le lieu et la date, « 13-08-64 », de son achat. Mais, surtout, j'y conserve pieusement pliée une feuille de copie quadrillée proposant l'amorce d'une traduction du texte christien que dans mon rêve d'adolescent j'aurais aimé voir publié sous le titre *La mort vient à la fin*.

Je n'en avais pas fini avec l'œuvre qui me semblait immense de la biographe de Poirot et de cette Miss Marple au comportement parfois énervant. Avec la lecture de *Dix petits nègres*, que je poursuivis sans relâche jusqu'à la chute finale, je commençai sans en avoir pleinement conscience à goûter aux délices de l'apprentissage du suspense apparu à mes yeux sous une forme plus élaborée que dans les enquêtes de Sherlock Holmes.

2

Depuis quelque temps j'étais devenu un lecteur enthousiaste du mensuel *Mystère Magazine* que j'achetais rituellement à la maison de la presse. On y trouvait des nouvelles sélectionnées par un certain Ellery Queen, auteur renommé de l'autre côté de l'Atlantique, et l'érudition sans faille avec laquelle il présentait chaque texte indiquait une connaissance impressionnante du genre. Je ne tardai pas à comprendre que Mr Queen était un homme à deux têtes : ce pseudonyme avait été choisi par deux cousins new-yorkais, Daniel Nathan et Manford Lepofsky, pour se lancer dans l'écriture de *detective novels* dont les titres me firent aussitôt baver d'envie : *Le Mystère du soulier blanc*, *La Ville maudite*, etc. Ils étaient cités dans les chroniques imprimées à la fin de chaque numéro de *Mystère Magazine* et leur lecture attentive fut à l'origine de ma fascination pour le genre policier dans son ensemble. Avec toutefois une préférence pour l'école classique, la chère Mrs Christie en tête à qui messieurs Queen et quelques autres s'associèrent bientôt. Les noms défilaient au sommaire du magazine que j'attendais fébrilement chaque mois, et les notices destinées à mettre en appétit le lecteur m'en apprenaient toujours davantage sur ce monde singulier des auteurs qui me charmaient bien plus que ceux du Lagarde et Michard. J'avais le sentiment d'appartenir à présent, du fond de ma province, à une fraternité internationale, surtout anglo-saxonne, que justifiaient mes deux séjours outre-Manche et la profonde empathie que j'éprouvais pour le peuple britannique.

Glissons sur les années qui ne m'ont pas laissé le meilleur souvenir, car elles furent celles qui révélèrent mon inaptitude à couronner – comme aurait dit Christophe, le facétieux auteur de *La Famille Fenouillard* – de belles humanités par des lauriers mérités. Mon installation à Paris – territoire à peu près inconnu alors que, à Londres, j'avais depuis longtemps repéré le domicile de Sherlock Holmes ainsi que celui du professeur

Mortimer et visité de fond en comble le British Museum – me permit d'assouvir ma passion pour la littérature policière. J'appris bien sûr avec tristesse, en février 1976, la disparition d'Agatha Christie et le rédacteur en chef de *Mystère Magazine*, dont j'avais fait la connaissance, me permit de m'épancher sur cette vieille compagne de mes nuits blanches dans les pages de la revue à laquelle j'étais fidèle depuis longtemps. Alors me vint l'idée de consacrer un livre, sous la forme d'une longue lettre d'affectueuse admiration, à celle qui aimait se parer – ou s'affubler, comme on voudra – du titre de Duchesse de la mort. Je dus bien sûr attendre d'avoir fait mes premières armes de romancier dans une collection où mon essai parut en 1981, voisinant avec *Le Métro blanc* de William Burroughs et *Acid Test* de Tom Wolfe. Mon épanchement, en vérité peu biographique mais surtout destiné à expliquer pourquoi la vie et l'œuvre de Mrs Christie m'intéressaient, me valut d'être invité à l'émission de télévision « Aujourd'hui madame ». Je fus ce jour-là présenté à la journaliste Noëlle Loriot qui m'avait gratifié d'une critique élogieuse dans *L'Express*, ce qui me plaisait d'autant plus que j'aimais beaucoup les romans de suspense vachards qu'elle publiait sous le pseudonyme de Laurence Oriol. Jusqu'à sa mort, Noëlle et moi ne nous sommes jamais perdus de vue. J'appris par elle que la romancière américaine Patricia Highsmith vivait alors dans la région parisienne. Noëlle me fit comprendre que Patricia et elle ne partageaient pas seulement un goût prononcé pour la fiction criminelle mais qu'un lien plus secret les unissait. Le public français ignorait encore l'existence d'un roman, *The Price of Salt*, plus tard rebaptisé *Carol*, publié à New York en 1952, entre *L'Inconnu du Nord-Express* et *Le Meurtrier*, où s'épanouissait, pour la première et la dernière fois dans l'œuvre highsmithienne, une relation amoureuse entre deux femmes. Je devins bientôt un témoin attentif des faits et gestes de Tom Ripley, une des plus singulières créatures de fiction jamais surgies de l'univers intime d'un écrivain.

3

Au cours de l'été 1981, je pris l'avion pour participer à Londres au tournage d'un documentaire sur Agatha Christie dont le réalisateur se disait inspiré par mon livre, quoique fort peu respectueux de son malheureux auteur. Pendant dix jours je suai sang et eau, écrivant puis récitant devant la caméra des textes n'ayant vraiment rien à voir avec celui de ma « lettre d'amour » adressée à la romancière. Mais sous le soleil implacable du mois d'août, quelque part dans le comté du Suffolk où, comme il est dit dans l'album *La Marque jaune*, le professeur Septimus possède un cottage, un événement d'importance eut lieu. Celui de ma rencontre avec Ruth Rendell. Le réalisateur que j'avais pris en grippe avait eu l'idée d'un entretien avec cette romancière déjà reconnue dans les pays anglo-saxons, me chargeant de la faire parler de son illustre consœur.

Ruth Rendell apparut sur le seuil d'une petite maison au toit de chaume tout droit sortie d'une illustration d'Arthur Rackham à dominantes crème et brune. Les bras croisés sur le haut d'une robe grise, la romancière possédait un regard sévère sous la coupe à la Jeanne d'Arc de sa chevelure argentée. Elle se dérida pourtant pour me souhaiter la bienvenue, suggérant à l'équipe de tournage de s'installer sur la pelouse qui entourait le cottage. Survint Donald, son mari, qu'elle appelait Don, personnage débonnaire qui aussitôt nous proposa à boire... Je me retrouvai ensuite assis face à cette Anglaise intimidante dont je n'avais encore lu aucun livre, le nez dans le questionnaire préparé la veille à l'hôtel et ne concernant bien sûr que l'illustre reine du crime, sujet de ce documentaire. Longtemps après, je reste reconnaissant à Ruth de s'en être tenue à un discours poli, n'émettant que des propos bienveillants sur l'œuvre d'Agatha Christie, même si elle ne se priva pas de souligner que la vision de celle-ci témoignait d'un conservatisme outrancier. Mais elle évita soigneusement d'exprimer, comme elle le ferait des années plus tard, le dégoût que lui inspiraient la xénophobie et plus encore la conscience de classe d'une femme aux mœurs d'un autre âge. J'ignorais tout, en 1981, des origines et du parcours de vie de Ruth. Alors, tandis qu'elle s'exprimait d'une voix claire, assez professorale, baissant les yeux sur ses mains lourdement baguées qui contrastaient avec une tenue particulièrement austère, choisie peut-être à dessein, il me sembla qu'elle éprouvait le plus parfait ennui à subir mes questions. Quoi d'étonnant ? Elle devait être horripilée par la présence de ces Français venus la faire parler de l'œuvre d'une femme qu'elle exécrait par-dessus tout. Je n'en finirai jamais de me demander comment celle que j'ai si souvent vue s'agacer du comportement déplacé, absurde ou simplement mal élevé de ses semblables avait pu accepter de nous recevoir... Avait-elle mal interprété la requête du réalisateur, croyant qu'il serait question de son propre travail ? Le nom de Ruth Rendell n'était pas encore très familier aux lecteurs français de romans policiers. Elle avait été publiée dans la collection « Crime Club » de

Denoël, où avait notamment paru *La Fille dans le caniveau* lui ayant valu, dans les pages de *Mystère Magazine*, une critique négative. Roman que j'ai lu plus tard avec plaisir.

L'interview terminée, alors que Ruth ne rêvait peut-être que de nous voir déguerpir, moi et les techniciens dont les réflexions franchouillardes devaient l'indisposer (car elle comprenait parfaitement notre langue), je trouvai le moyen d'en rajouter. Je lui demandai de me dédicacer une de ses œuvres, ce qu'elle accepta aussitôt. Je fus invité à la suivre à l'étage de la maison lilliputienne. À ce moment précis déboula un garçon d'une vingtaine d'années, en combinaison de motard, son casque à la main, qui me salua distraitement tandis que la romancière annonçait : « Mon fils, Simon. » Cet instant reste pour moi d'une grande intensité rétrospective, si je puis dire, car, bien que n'ayant jamais revu Simon Rendell, j'en ai en revanche appris pas mal sur sa relation avec sa mère qui m'avoua plus tard : « Lorsqu'il a voulu quitter le foyer familial, je ne l'ai pas retenu. » Quant à ma première rencontre avec celle que je me promettais bien sûr de lire dès que possible, j'en garde un goût amer. Encore que, quand j'y repense en contemplant la photo nous représentant tous deux assis, face à face et visiblement inquiets, dans le jardin du cottage, à l'amertume se mêle une forte envie de rire de l'absurdité de la scène. Je ne faisais pour ma part qu'obéir à la volonté d'un réalisateur sûr de lui et persuadé que Ruth perpétuait avec bonheur la tradition du roman d'énigme à la Christie. Tandis que la romancière quinquagénaire encore à l'orée d'une grande célébrité devait formuler dans son for intérieur la phrase fétiche des héroïnes de sa consœur américaine Mary Roberts Rinehart : « Ah ! Si j'avais su ! »

Au dernier jour du tournage, l'irascible cinéaste m'accorda deux heures de liberté avant le départ pour Heathrow afin que je puisse explorer les librairies de Charing Cross Road. Mon ange gardien me fit mettre la main, chez Zwemmer où je cherchais plutôt des livres de cinéma, sur un numéro de la revue spécialisée *The Armchair Detective* (vol. 14, n° 2, spring 1981) qui contenait… une interview de Ruth Rendell. Je parcourus dans l'avion cet échange de la romancière avec une spécialiste, y trouvant à vrai dire assez peu d'intérêt, sinon que j'appris qu'elle ne détestait pas citer dans ses œuvres Shakespeare et Thomas Hardy. Je rentrai à Paris épuisé par dix journées harassantes qui n'avaient toutefois pas entamé mon admiration pour Agatha Christie et son univers. Je gardais un souvenir ému d'un moment particulier, celui de la visite de Winterbrook House où la chère femme avait vécu ses derniers jours. Il ne nous avait pas été permis de pénétrer à l'intérieur de la demeure de style reine Anne où vivait encore, bien qu'elle fût absente ce jour-là, celle qui, un an après le décès d'Agatha, avait convolé avec Max Mallowan, le second mari de la romancière. Un vieux jardinier m'avait indiqué l'emplacement de plusieurs tombes de chiens, compagnons à la fidélité éprouvée de Mrs Christie, en particulier un certain Treacle dont elle fait grand cas dans son autobiographie. « Elle se montrait toujours très simple avec moi, m'avait dit le jardinier en veine de confidences. Elle venait s'asseoir dans l'herbe avec ses papiers et y restait des heures. » Puis il m'avait encouragé à m'approcher d'une haute porte-fenêtre et, la main en visière pour me protéger du soleil, j'avais dirigé mon regard vers un spectacle émouvant. Dans ce qui avait été le living-room du couple Mallowan étaient réunis des éléments d'un décor victorien datant de l'enfance de la petite Agatha Miller à Torquay. De profonds fauteuils recouverts de chintz, des guéridons tarabiscotés, un écran brodé placé devant la cheminée, et même, rassemblées sur le manteau de celle-ci, les fameuses porcelaines de Dresde ayant inspiré l'intrigue de *Dix petits nègres*. Tout y était, comme sur les photographies de la maison natale que j'avais déjà longuement scrutées dans le cahier central de ses mémoires. Ainsi, jusqu'à ses derniers instants, cette femme dont les livres reflétaient souvent une grande nostalgie du passé, avait tenu à vivre parmi les vestiges du royaume béni de ses premières années. Et je pouvais sans mal imaginer la présence dans quelque bibliothèque, sans doute à l'étage, de plusieurs rangées de volumes aux reliures malmenées où j'aurais découvert les romans plutôt mièvres de Mrs Molesworth, les albums de Kate Greenaway et les traductions de Jules Verne.

Ce tableau singulier est resté présent dans mon souvenir. Il m'a semblé alors que cette femme que je ne rencontrerais jamais, sinon dans ses œuvres ou à travers les témoignages de ceux qui l'ont connue, venait de me permettre, un court instant, d'entrer par effraction dans son décor le plus intime, celui où nous aurions pu nous retrouver tous deux pour un tête-à-tête que je n'ai vécu qu'en rêve et dont je n'ai rien retenu.

Au cours des semaines ayant suivi mon retour, j'ai entamé la lecture de *Some Lie and Some Die* traduit dans la collection du Masque sous le titre *Reviens-moi.* La dédicace m'avait amusé : « À mon fils, Simon Rendell, qui aime les festivals. » Les deux policiers du roman enquêtaient sur le meurtre d'un rocker, non loin de la petite ville de Kingsmarkham, l'inspecteur Wexford, plutôt balourd mais cultivé, donnant la réplique sur le mode ironique à son adjoint Burden. Cette lecture ne m'a pas bouleversé. J'étais seulement intrigué par le ton désenchanté du récit, son côté un peu dépressif qui me rappelait celui des Maigret. J'associai sans mal mon sentiment de lecteur à celui qui m'avait animé lors de l'entretien avec la romancière au mois d'août. Je décidai d'en rester là, même si je ne me retins pas d'acquérir, au hasard de mes visites régulières dans les librairies d'occasion, deux ou trois traductions de ses œuvres parues dans la collection « Crime Club » ou au Masque.

4

Quelques mois plus tard, je fus invité au cocktail donné dans le salon Jules-Verne des éditions Hachette lors de la remise du prix du Roman d'aventures décerné à… Ruth Rendell pour son nouveau livre, *Le Maître de la lande* (*Master of the Moor*). Curieusement, je n'ai qu'un souvenir vague, je devrais même dire inexistant, de cette deuxième rencontre avec le couple Rendell. J'irais jusqu'à croire que la romancière n'avait, ce soir-là, pas eu l'envie de me saluer, encore moins d'avoir un entretien avec l'importun barbu que j'étais resté pour elle. Ne sachant pas trop quel comportement adopter, j'avais peut-être, de mon côté, fait profil bas. Bref, j'étais rentré chez moi, nanti d'un exemplaire du *Maître de la lande* que je n'ai lu que des années après.

Deux ans s'écoulèrent. Chaque semaine, rituellement, je me rendais sous les arcades de la rue de

Rivoli pour y acheter le supplément littéraire du *Times* et papoter avec Miss Cordier, la responsable de l'English Department de la librairie Galignani. Un jour de l'été 1984, je remarquai la couverture d'une édition cartonnée de ce qui devait être le dernier Ruth Rendell, au titre singulier : *The Tree of Hands*. J'en trouvai un exemplaire au rayon des nouveautés, m'en emparai, découvrant au dos de la jaquette un portrait de l'auteure. La coupe de cheveux qu'elle arborait me parut très différente de celle que je lui avais vue le soir du prix du Roman d'aventures (j'ai compris plus tard que le portrait, signé Jerry Bauer, avait été retouché).

Je lus *The Tree of Hands*, aussitôt pris dans l'engrenage de la mésaventure de Benet Archdale, plus encore saisi par le personnage de Mopsa, la très dérangée mère de l'héroïne. L'inspecteur Wexford et son adjoint étaient absents de cette fiction d'autant plus obsédante qu'elle se révélait parfaitement réaliste. L'atmosphère de terreur qui se dégageait du livre ne me rappelait, à première vue, aucun de mes auteurs favoris, hormis peut-être Patricia Highsmith. Je n'avais lu de celle-ci que quatre ou cinq romans que je classais dans une catégorie particulière, celle du « suspense psychologique ». Je rangeais sur la même étagère les romans de deux autres Américaines, Margaret Millar et Charlotte Armstrong. De cette dernière j'avais aimé *Et merci pour le chocolat*. Mais le livre de Ruth Rendell m'apparaissait d'une autre essence. Je sentais que les personnages s'y comportaient avec une conscience inhabituelle de la fatalité qui rendait pour moi ce roman comparable, réflexion faite, à *L'Empreinte du faux* de Highsmith. J'en fis des cauchemars, dus sans doute aux lieux mêmes de l'action que mes errances à travers Londres me permettaient de visualiser avec une précision troublante.

L'envie me vint alors de me manifester à l'auteure. Je me procurai son adresse auprès des éditions du Masque et je rédigeai une lettre enthousiaste. Quelque temps plus tard arriva d'Angleterre une réponse dactylographiée datée du 21 septembre 1984 :

« Cher monsieur Rivière,

Bien sûr, je me souviens parfaitement de vous. Nous nous sommes revus à Paris en 1982, quand je suis venue recevoir le prix du Roman d'aventures... Nous vivons désormais de façon permanente à Polstead ainsi que vous le prouve l'adresse ci-dessus.

Je suis ravie d'apprendre que vous avez aimé *The Tree of Hands*. Je serai bien sûr tout à fait disposée à en discuter avec vous lorsque nous nous reverrons. Envisagez-vous de venir jusqu'ici ou préférez-vous que l'on se rencontre à Londres ? Mais je serais pour ma part enchantée de vous montrer la vieille et charmante demeure où j'habite à présent. »

Un dernier paragraphe me recommandait de ne pas m'enquérir de la date de parution française de son nouveau roman car, disait-elle, « bien que la chose ne soit pas encore officialisée », c'étaient les éditions Calmann-Lévy qui publieraient dorénavant ses « suspenses psychologiques », le Masque n'éditant plus que les enquêtes de l'inspecteur Wexford. Et comme dans ma lettre j'affirmais envisager de franchir le Channel au mois de janvier suivant, elle se disait prête à me recevoir dès que je lui proposerais une date.

Je n'en revenais pas. Ainsi Ruth Rendell ne m'avait pas oublié, elle ne m'en voulait pas et allait jusqu'à exprimer la possibilité d'un rendez-vous. Avec même, pouvais-je le croire, un semblant de remords de sa part concernant mon interview d'août 1981. La romancière regrettait-elle de n'avoir pas été assez laudative sur l'œuvre de son illustre consœur dont elle devait être un peu jalouse ?

5

Ce courrier qui avait pourtant tout pour flatter mon ego de lecteur, relança mon intérêt pour d'autres femmes auteures de littérature policière. La lecture, quelques mois plus tôt, du curieux roman d'une Américaine nommée Mabel Seeley, *D'autres chats à fouetter*, m'avait procuré un plaisir singulier, mélange de voyeurisme et d'effroi gourmand. Le titre original était explicite : *The Listening House* (« la maison à l'écoute »), car il faisait du lieu même de l'action, une pension de famille de la ville de Saint Paul dans le Minnesota, le théâtre d'une série d'actions mystérieuses menaçant en permanence l'héroïne. Mrs Seeley avait commencé sa carrière de romancière en 1938 avec ce livre qui avait obtenu un succès immédiat. Je tenais cette information d'un ouvrage précieux, *Murder for Pleasure*, du critique new-yorkais Howard

Haycraft, datant de 1941. Il y faisait grand cas du roman de Mrs Seeley, affirmant que celle-ci s'exprimait d'un point de vue « distinctement féminin, particulièrement nouveau, révélant une approche moderne et plus naturaliste du genre ». Ce qui me plaisait chez Haycraft, c'est qu'il n'hésitait pas à relier la significative avancée dont témoignait *D'autres chats à fouetter* (un titre absurde, singeant ceux de la Série noire, alors que le livre était publié dans la très classique collection « La Chouette ») avec l'école dite *Had I But Known* (« si j'avais su ») lancée au début du siècle par Mary Roberts Rinehart. Retournons un instant aux origines du genre né de la névrose d'Edgar Poe. J'ai cru bon d'évoquer plus tôt l'existence de celle que l'on considère comme la « grand-mère » du roman d'énigme, Anna Katharine Green. Celle-ci eut pour héritière littéraire une femme à la forte personnalité : Mary Roberts Rinehart, née à Pittsburgh en 1876. Infirmière, elle fit la conquête d'un brillant chirurgien dont la fortune, placée de manière hasardeuse, contraignit bientôt la jeune Mrs Rinehart, avide lectrice de romans à sensation, à se lancer dans l'écriture d'une première fiction policière qui plut à un éditeur. *L'Escalier en colimaçon* (1908) mettait en scène, outre le détective officiel, plutôt discret, une vieille fille témoin d'événements étranges qu'elle aurait pu éviter « si seulement elle avait su ». Une formule était apparue : Mrs Rinehart *sut* l'exploiter avec talent et profit, peuplant ses histoires de jeunes péronnelles sursautant au moindre bruit suspect et de leurs duègnes autoritaires veillant sur leurs amours. Elle donna, comme il se devait, naissance à une infirmière enquêtrice, bientôt surnommée Miss Pinkerton (du nom de la célèbre agence de détectives de la côte ouest) qui enthousiasma par son sens de la déduction des centaines de milliers de lectrices. Celles-ci pouvaient en effet dévorer les prouesses des héroïnes de la romancière, en avant-première, dans des magazines féminins à forts tirages comme le *Good Housekeeping*. Mrs Rinehart est aussi devenue célèbre pour la pièce policière *The Bat* (« la chauve-souris ») écrite en collaboration avec un as de Broadway, Avery Hopwood, et publiée en 1920. L'intrigue de ce thriller fait beaucoup songer à *La Souricière* d'Agatha Christie, créée à Londres en 1952 et jouée sans interruption depuis lors. Les grands esprits se rencontrent parfois. Mais l'on ne saurait oublier que Mary Roberts Rinehart, d'un naturel infiniment plus audacieux que ses créatures de fiction, n'hésita pas à se rendre sur le front des Flandres durant la Grande Guerre, réalisant pour le *Saturday Evening Post* une série d'interviews de personnages éminents comme le roi des Belges et son épouse.

Dans le roman de Mabel Seeley, *D'autres chats à fouetter*, le comportement de l'héroïne n'est pas exempt de réflexions du type « si j'avais su », mais le lecteur est séduit par la vivacité de son esprit et l'usage très astucieux que l'auteure de ses jours – et de ses nuits horrifiques – fait du matériau gothique. La romancière échappe à la morale plutôt rigide qui imprègne l'œuvre de la puritaine Mary Roberts Rinehart. Et si Mabel Seeley donne un premier tour d'écrou à la déjà très captivante manière de sa consœur de Pittsburgh, une seconde impulsion en direction du roman de suspense psychologique sera le fait d'une autre jeune romancière américaine, Helen Eustis. Celle-ci publie en 1946 *The Horizontal Man*, titre emprunté à un vers du poète anglais W.H. Auden, auteur de ces deux autres vers opportuns : « Peut-être la seule histoire inventée où notre présence paraît vraisemblable est-elle le roman policier[1]. » Curieusement, ce roman aussitôt salué par la critique aura connu deux traductions françaises : la première, sous le titre *L'Homme horizontal* (Morgan, 1947), et la seconde, intitulée *La Possession*, dans la collection « Panique » qui tentait, au début des *sixties*, de renouer avec la Série blême ayant publié quinze ans plus tôt deux excellentes Américaines, Mildred Davis (*La Chambre du haut*) et Hilda Lawrence (*Le Chien du manoir*). L'œuvre de Miss Eustis – l'histoire du meurtre d'un professeur séducteur dans le cadre d'une université de l'Est américain – lorgne du côté de la psychanalyse, ce qui ne s'était pas encore beaucoup fait dans le roman de mystère mais qui se pratiquera de plus en plus fréquemment par la suite. Je songe, bien sûr, aux romans très réussis de Helen McCloy dont le héros est le psychiatre Basie Willing et

1. W.H. Auden, *Poésies choisies*, coll. « Poésie », Gallimard, 2005.

l'incontestable chef-d'œuvre *Le Miroir obscur* (1950). Mais la très iconoclaste Miss Eustis joue au lecteur un tour assez proche de celui qui valut à l'auteure du *Meurtre de Roger Ackroyd* les gros yeux de la critique. Le professeur Kevin Boyle a été tué à l'aide d'un tisonnier par, semble-t-il, une élève follement amoureuse de ce Don Juan mais éconduite de façon répétée. La romancière se sert de notre parfaite innocence pour se livrer à un tour de passe-passe dont je dirai seulement qu'il deviendra, dès les années cinquante, la tarte à la crème du suspense.

6

En 1947, Patricia Highsmith a vingt-six ans et vit à New York où elle mène une existence de patachon et gagne une maigre pitance grâce à l'écriture mercenaire de scénarios de *comics*. Cette admiratrice de Truman Capote – à qui elle a fait lire sa nouvelle « L'Héroïne », parue trois ans plus tôt dans le très chic *Harper's Bazaar* et couronnée du prix O'Henry – ne publiera son premier roman policier qu'en 1950. *L'Inconnu du Nord-Express* est une date importante sur la voie de sa réussite acharnée. Mais jusque-là, elle a beaucoup lu. Notre rencontre à Paris en septembre 1976 me laissa un souvenir amer – de la même façon que le tournage chez les Rendell quelques années après –, mais je m'en relèverai au point non seulement de la revoir à deux reprises mais aussi d'écrire un livre sur elle. C'est au cours de notre deuxième entrevue, à l'hôtel Édouard-VII, le 22 mars 1985, qu'elle me dira avoir lu en son temps *The Horizontal Man* et avoir apprécié le sens de la dérision de Helen Eustis. Ce qui lui avait surtout plu, c'était que l'auteure cherchait à faire autre chose qu'un vrai roman de genre. Tous les lecteurs de Patricia Highsmith ont compris très tôt que c'était aussi, au fond, sa propre ambition, en dépit des apparences et d'une ambiguïté savamment entretenue au fil du temps. Highsmith n'a-t-elle pas été jusqu'à honorer, en 1966, la commande que lui a faite l'éditeur The Writer Inc. d'un essai sur l'art du suspense ? Elle connaissait et appréciait aussi les œuvres de Margaret Millar, l'épouse de Ross Macdonald, notamment *Le Territoire des monstres*... Dans une de ses rarissimes interviews, Agatha Christie prétendait que Highsmith était une « excellente romancière sinistre ». J'avoue que, ce fameux premier soir où je me suis trouvé face à Patricia dans un affreux bistrot éclairé au néon, je l'ai trouvée totalement sinistre moi aussi, l'associant aussitôt à l'impression générale que m'avaient jusque-là donné ses livres. Il m'a fallu quelques années, une appréciation plus accomplie de son travail et deux autres rencontres avec cette femme se mouvant hors du monde ordinaire à la façon des grands nomades de la littérature américaine pour me convaincre qu'elle n'était pas que cela.

De son côté, Ruth Rendell, que j'ai informée une dizaine de jours plus tôt du séjour que j'allais effectuer à Londres, me répond le 7 janvier 1985 :

« Je serai heureuse de vous voir la semaine prochaine si vous voulez bien venir jusqu'ici. Je vis à 70 miles de la capitale. Vous pouvez venir en voiture ou prendre un train à Liverpool Street pour Colchester, et prendre un taxi à la gare de Colchester. Si vous venez par la route, il faudra que je vous donne, à vous ou à la personne qui conduira, des instructions précises par téléphone.

L'après-midi me conviendra mieux car je travaille toujours le matin. Préférez-vous le mercredi 16 ou le vendredi 18 ? La seule difficulté pourra être le temps qu'il fera. Pour le moment nous sommes sous la neige et personne ne peut ni sortir ni entrer dans la maison. J'espère juste pouvoir aller à pied mettre cette lettre à la poste.

Néanmoins, la météo anglaise étant ce qu'elle est, tout espoir d'une amélioration n'est pas exclu pour la semaine prochaine.

Peut-être pourrez-vous me téléphoner dès votre arrivée à Londres ? »

C'est bien sûr ce que je fis dès mon installation dans la chaleur bienfaisante de l'hôtel St Margaret, à deux pas du British Museum. Mais ce fut pour m'entendre dire par la romancière que le Suffolk était toujours enneigé et que je n'aurais par conséquent pas la possibilité de venir jusque chez elle. J'ai le très vague souvenir d'avoir abrégé mon séjour londonien après une tournée fructueuse, comme toujours, des librairies d'occasion de Charing Cross Road, avant d'être malade comme un chien sur le ferry du retour tellement la Manche était démontée.

Mrs Rendell m'écrivit encore le 21 février pour me dire combien elle était désolée de ce rendez-vous manqué. « Le temps ici a été épouvantable, nous n'étions pas capables de sortir de chez nous. Je sais à présent ce que signifie vivre à la campagne ! »

Les mois passent tandis que je guette avec une certaine impatience la parution de *The Tree of Hands* chez le nouvel éditeur de la romancière qui publie depuis longtemps les œuvres de Patricia Highsmith. Entre-temps, je tombe sous le charme d'une autre Anglaise, P.D. James, dont un ami m'a conseillé de lire *La Meurtrière* (*Innocent Blood*), paru en 1980, et qui a fait un tabac en Amérique. Cette Mrs James âgée d'une bonne soixantaine d'années, a travaillé pour la police scientifique avant de se lancer dans la littérature policière. Je lis son livre avec appétit car il se distingue du classique roman d'énigme *made in England*, même si j'y retrouve les ingrédients que j'ai toujours aimés chez Agatha Christie ou dans les fictions de femmes infiniment moins connues comme Margery Allingham, Dorothy Bowers ou Ngaio Marsh (laquelle n'est d'ailleurs pas anglaise mais néo-zélandaise). La protagoniste de *La Meurtrière*, Philippa, offre au lecteur un beau portrait psychologique, digne des grandes romancières que nous aimons tous, Muriel Spark, Elizabeth Bowen ou Daphne du Maurier. Je comprends alors que P.D. James a l'ambition de se faire apprécier par un public autre que celui du genre dont elle se réclame pourtant. J'apprends bientôt la sortie de son nouveau livre, que la presse anglaise annonce au son des trompettes de la renommée. Pour l'occasion *The Observer* publie en janvier 1986 un long témoignage de l'auteure de *A Taste for Death*, évoquant avec un certain lyrisme les paysages de l'East Anglia, la région qu'elle a souvent utilisée comme décor de ses livres. « Un écrivain est toujours sensible aux formes, aux couleurs, à l'architecture, à la faune et à la flore, mais plus encore à une émanation subtile de l'esprit du lieu qui le rend unique. » À la lecture de *La Meurtrière*, roman d'un réalisme quasi naturaliste, je me dis que Mrs James pousse très loin, de façon presque maniaque, le besoin qu'elle a de rendre crédible sa fable criminelle, présentant celle-ci à la manière des récits d'authentiques faits divers. Ce que les Anglo-Saxons nomment *true crime*.

Publié enfin sous le titre explicite *Un enfant pour un autre*, *The Tree of Hands* me fournit l'occasion de proposer à *Libération* un portrait de Ruth Rendell à qui j'écris aussitôt (ou lui ai-je téléphoné puisque son numéro apparaît en tête de ses lettres ?) pour solliciter un rendez-vous. Une date est prise pour notre entretien à la mi-avril 1986, non pas chez elle, à Polstead, mais à Londres, car elle me dit pouvoir y venir afin de faciliter les choses. Cette fois, le temps est au beau fixe, mon ferry n'a pas été secoué par une tempête, et le jour convenu – l'après-midi, bien sûr – je guette son arrivée dans le *lobby* du St Margaret.

Interloqué, j'hésite à la reconnaître, découvrant une Rendell différente, à la fois de celle de notre première rencontre à Polstead et de l'autre, retrouvée brièvement dans les salons des éditions Hachette, un an plus tard. Sa teinture a changé : elle est plus sombre, avec des mèches grises qui l'éclaircissent sur les tempes. Mais surtout, la romancière est lourdement fardée, ses sourcils soulignés lui donnant un air méchant. Sa tenue aussi me surprend : un ensemble de laine tricotée apparaît dès qu'elle se débarrasse avec des gestes brusques d'un manteau d'une épaisse texture grise semée de points multicolores. Tenue que complètent un petit nœud noir autour du cou, des bas à résille et une paire de bottes noires. Je reprends contenance, la remercie vivement de s'être déplacée. « J'ai quelque chose à faire en ville en fin d'après-midi, cela tombe très bien. » Elle esquisse un sourire, contemple pensivement les hideuses tentures du petit salon où nous sommes installés. Je lui propose une tasse de café qu'elle accepte aussitôt et l'interview commence tandis que le photographe qui m'accompagne immortalise la tenue vestimentaire de la Ruth Rendell n° 3.

J'ai bien sûr des questions relatives à son arrivée chez un nouvel éditeur français. Je profite de l'occasion pour me donner de l'importance en précisant que j'entretiens une relation amicale avec l'attachée de presse chargée de la promotion d'*Un enfant pour un autre*. « D'ailleurs, le titre vous plaît-il ? », demandé-je à Mrs Rendell qui me répond par une grimace, avant de porter à ses lèvres la tasse de café qu'on vient de lui apporter. Puis elle joint les mains sous son menton et je comprends qu'elle a quelque chose d'important à dire.

« Figurez-vous que j'ai enfin écrit un livre dont l'action se situe cinquante ans en arrière. Le personnage autour duquel tourne l'intrigue est l'une des dernières femmes à avoir été pendue. »

La romancière a de nouveau cet étrange sourire qui découvre ses dents et creuse deux petits sillons sous ses yeux pour dire d'un ton solennel : « C'est un roman qui sera publié sous un pseudonyme. »

Je lui demande bien sûr lequel et elle me répond : « Barbara Vine », en précisant qu'elle a choisi son second prénom et le nom de famille d'une aïeule. Elle ne m'en dit pas davantage sur ce livre, me laissant sur ma faim, mais elle me parle d'un court roman qu'elle vient d'achever.

« Ce n'est pas une histoire policière, plutôt un conte fantastique à la manière de Poe ou du docteur James que j'aime tellement. Vous savez qui est le docteur James ? Pas Henry James, mais l'auteur d'histoires de fantômes : *Le Comte Magnus*, *Siffle et je viendrai, mon garçon*... » Elle me jette un regard qui me culpabilise. Je fouille dans ma mémoire et il me revient que le réalisateur Jacques Tourneur a tiré un film (*Rendez-vous avec la peur*, 1957) d'une nouvelle (*Curse of the Demon*) de ce James dont je n'ai jamais rien lu.

Elle acquiesce et je sens que je remonte dans son estime. Je lui demande quand paraîtra cette histoire et, subitement consciente que nous partageons le même goût pour la littérature gothique, elle promet de m'envoyer une copie du manuscrit de *Heartstones*. Promesse qui crée un lien subtil entre nous. J'en suis terriblement flatté, mieux à mon aise aussi face à cette femme plutôt déconcertante mais déjà si attachante par la façon qu'elle a de répondre à mon attente. La romancière a compris que j'étais son fan absolu, pourtant je ne cesse de trembler devant elle comme jadis devant la demoiselle intimidante du cours privé que je fréquentais. Dans la petite classe de Mlle Le Roy, au cœur de la belle maison bourgeoise dominant le vallon des arènes gallo-romaines, notre maîtresse nous faisait la lecture de pages de romans qu'elle aimait. J'étais si captivé qu'un jour, s'interrompant, elle attira l'attention de la dizaine de mes condisciples pour dire : « Regardez François : il est tout ouïe ! » J'avais bien sûr rougi jusqu'aux oreilles.

Ruth Rendell se lève subitement après avoir jeté un regard à sa montre. « J'ai un rendez-vous. »

Nos adieux sont rapides. Alors qu'elle s'éloigne après un geste de la main, j'entends demander par la dame de la réception : « C'est une actrice, n'est-ce pas ? – Non, une romancière », lui dis-je, amusé, songeant qu'on a peut-être pris le sujet de mon admiration pour l'une des interprètes de l'interminable et très populaire feuilleton télé *Eastenders*.

7

Pendant mon absence a été envoyé à la presse, et donc au critique zélé que je suis, le dernier roman de Patricia Highsmith, *Une créature de rêve*. Je n'ai pas perdu de vue cette femme mystérieuse qui, après avoir longtemps vécu en parfaite sauvage dans la région de Fontainebleau, s'est établie en Suisse. J'apprends qu'elle sera disponible pour des interviews et me porte candidat. La biographe du dangereux mais ô combien séduisant Tom Ripley séjourne à l'hôtel Édouard-VII, avenue de l'Opéra, où je la retrouve un après-midi. Elle m'accueille, engoncée dans un trench-coat qui pourrait bien être celui qu'elle portait le jour de notre première, et pour moi désastreuse, rencontre rue du Renard où l'on jouait un spectacle inspiré de deux de ses *short stories*, à la fin de l'été 1976. Tout se passe pour le mieux jusqu'au moment où, ayant inhalé de travers la fumée d'une de ses légendaires Gitanes, elle est prise d'une quinte de toux qui n'en finit pas et même, à un moment, me fait craindre le pire. Elle commande un Perrier, certainement sa première boisson non alcoolisée de la journée, et tout s'arrange. Nous avons alors une conversation sur la fiction policière américaine et je la questionne sur sa consœur Margaret Millar que je découvre depuis quelque temps avec ravissement. Highsmith aime les dialogues acérés de romans comme *Mortellement vôtre* ou *Le Violeur*, l'atmosphère dépressive de ce qui restera sans doute le chef-d'œuvre de Millar, *Le Territoire des monstres*, traduit par Jean-Patrick Manchette. « Elle manie par moments une sorte d'humour grinçant dont je serais incapable, avoue Patricia. C'est comme si elle voulait soulager un peu le pauvre lecteur de l'ambiance atroce de ses livres. Elle est incroyablement sous-estimée. »

Je me suis arrangé avec l'attachée de presse parisienne de l'éditeur Viking, chez qui est publié *A Dark-Adapted Eye*, le roman de Rendell signé Barbara Vine, pour le recevoir avant sa sortie en librairie. Dès qu'il arrive, je m'enferme chez moi pour m'y plonger. Rendell s'est, comme elle me l'a dit, engagée dans un exercice complexe. Sa jeune héroïne et narratrice s'associe par un subtil emboîtage au travail d'un journaliste cherchant à retracer le destin tragique de Vera Hillyard. La romancière fait de son livre la relation d'un fait divers criminel ayant défrayé la chronique, tout en s'offrant le luxe de laisser la bride sur le cou à son imaginaire. Et celui-ci, à chaque détour de cette romance obsessionnelle proche dans l'esprit de celles du victorien Wilkie Collins, flirte à l'évidence avec les recoins les plus sombres de la psyché de l'auteure… J'aimerais tellement, ma lecture achevée, en savoir plus sur l'histoire personnelle de cette femme qui commence à m'obséder sérieusement !

Une nouvelle occasion de la rencontrer ne s'offrira qu'au début de l'année 1987, particulièrement fertile pour la romancière. En janvier j'apprends l'arrivée du couple Rendell à Paris pour la sortie de *Vera va mourir*. Un titre bien banal, certes, mais moins difficile à décrypter que celui de la version originale. Je n'éprouve aucune difficulté à obtenir un rendez-vous avec

Rendell. Mieux, j'organise pour elle et son mari une visite matinale au musée d'Orsay qu'ils ont, ai-je cru comprendre, très envie de connaître. Il fait un froid de loup lorsque je les retrouve dans le *lobby* de l'Édouard-VII – l'hôtel où sont logés les hôtes de marque des éditions Calmann-Lévy –, et je note qu'à mon arrivée la romancière est plongée dans un livre qu'elle referme précipitamment, comme prise en faute. Tandis que nous marchons vers la rive gauche et le musée, je remarque qu'elle porte le même ample manteau chiné que lors de notre rencontre au St Margaret. En chemin, Don, beaucoup moins disert que sa femme, exprime soudain d'une voix douce son ardent désir d'admirer les toiles impressionnistes. « Et les Degas… J'ai appris qu'il y avait des Degas superbes. » Tous deux iront de bonheur en extase devant tant de chefs-d'œuvre réunis avec, en point d'orgue, la découverte des toiles colorées du Douanier Rousseau. Je sais alors ce qu'il me reste à faire. Avant de retrouver la froidure hivernale j'achète un catalogue que j'expédierai un peu plus tard à Polstead. Alors que nous prenons congé, au rez-de-chaussée du bâtiment de la rue Auber où siègent depuis des lustres les éditeurs ayant réuni Highsmith et Rendell, cette dernière m'apprend que le prochain Barbara Vine sortira en mars en même temps qu'une sélection d'histoires de fantômes du docteur James qu'elle a préfacée. Je m'en réjouis et avenue de l'Opéra, je me sens orphelin de ce couple avec lequel je viens de passer un moment intense.

Je reçois quelques jours plus tard une lettre datée du 3 février, qui me fait chaud au cœur :

« Cher François,

Comme c'est gentil et plein d'attention de m'avoir envoyé le catalogue d'Orsay ! Je ne puis vous dire combien je suis heureuse de l'avoir reçu. Nous y avons passé une belle matinée, n'est-ce pas ? J'en ai apprécié chaque minute.

Je vais vous envoyer une copie de *Heartstones*. Vous devriez l'avoir la semaine prochaine.

Ce fut vraiment très agréable pour nous deux de vous revoir et nous espérons que vous viendrez nous rendre visite lorsque vous serez en Angleterre l'été prochain. »

La lettre était signée Ruth. Je n'en revenais pas, quand bien même j'étais conscient d'accéder dans ma relation avec la romancière à un palier supérieur. Je nageais dans une sorte de béatitude enfantine. Le fantôme de Mlle Le Roy se manifestait, murmurant à mon oreille : « Te voilà sous le charme d'une créature à la personnalité hors du commun. Profites-en pour te fortifier à son contact. Elle est là pour t'instruire. »

Je me mis à guetter l'apparition dans ma boîte aux lettres de la « copie » dont elle m'avait parlé. Les semaines passaient et rien n'arrivait. Ruth m'avait-elle oublié ? Enfin, le 15 mars, je fus comblé. Avant tout le monde, j'allais pouvoir lire une photocopie du tapuscrit de la *novella* qui sera traduite deux ans plus tard sous le titre *Douces morts violentes*. Un texte qui d'emblée met en avant des personnages – deux adolescentes et leur père, un austère universitaire – plongés dans une ambiance gothique me rappelant les adaptations filmées d'Edgar Poe. L'influence des productions de la Hammer – les *Dracula* et *Frankenstein* avec Christopher Lee et Peter Cushing – se mêle à celle de l'auteur vénéré par Ruth depuis l'adolescence :

ce fameux docteur James dont elle fait justement paraître une sélection des meilleures *ghost stories* chez l'éditeur qui publie les enquêtes de l'inspecteur Wexford. Je lis sa préface à ce recueil intitulé *A Warning to the Curious* (c'est le titre d'un des contes de Montague Rhodes James, 1862-1936), et j'y trouve, exprimées très simplement, les raisons de sa passion pour cet auteur : « Ses histoires commencent calmement, souvent par la description d'un lieu, d'une ville ou d'une maison de campagne, ou même d'une bibliothèque et le voyageur bientôt témoin d'événements terrifiants est le plus souvent un érudit. Il n'y a, de prime abord, ni fantômes ni démons, seulement une menace qui se précise lentement, par degrés, implacablement. » Elle ajoute que c'est leur curiosité qui fait des héros de James les victimes des forces qu'ils déclenchent après s'être emparés d'un incunable ou avoir ramassé sur une plage un étrange objet. Ce qu'elle admire par-dessus tout chez cet écrivain, lui-même spécialiste de textes médiévaux et longtemps recteur du collège d'Eton, c'est l'élégance avec laquelle il installe une terreur insidieuse qu'elle me dira plus tard comparable à l'épouvante que distille un autre victorien, Sheridan Le Fanu, l'auteur de *Carmilla.* D'ailleurs je songeais assez à ce dernier texte en lisant *Douces morts violentes*, troublé par le comportement des deux filles du très jamesien docteur Zoffany (nom emprunté à un peintre célèbre), Elvira et Despina.

Les romancières de mystère, tout autant peut-être que leurs homologues masculins mais dans une tradition qui remonte aux délires frénétiques d'Ann Radcliffe, ont pratiqué avec un art consommé le genre fantastique. Mary Elizabeth Braddon, Mrs Riddell, Mrs Henry Wood ou Edith Nesbit ont ajouté aux intrigues criminelles de leurs romans un soupçon de surnaturel, expliqué ou non. Agatha Christie s'est livrée à cet exercice dès ses premiers pas, notamment dans les nouvelles réunies au sein du recueil *Le Flambeau* (*The Hound of Death*), tandis que, outre-Atlantique, la prolifique Mary Roberts Rinehart peuplait du fantôme d'oncle Horace le décor *gothick american* de son roman *The Red Lamp* (1925). Dans une veine similaire, cinquante ans plus tard, Mary Higgins

Clark signait avec sa *novella Le Fantôme de Lady Margaret*, une vraie réussite en matière de hantise.

Devenue précisément l'objet d'une de mes obsessions, l'œuvre de Ruth ne me lâche plus puisque je reçois de Londres le deuxième Barbara Vine, *A Fatal Inversion*. Je l'ouvre, aussitôt intrigué par l'illustration de couverture qui représente une allée boisée menant à une maison de brique sombre. Je suis saisi par le vent de folie qui, malgré la sagesse apparente du récit, souffle sur cette fiction baignée d'une atmosphère sensuelle particulièrement étouffante. Et cela n'est pas dû seulement au fait qu'elle se déroule au cours de l'été 1976, celui de la grande sécheresse ayant sévi aussi de l'autre côté de la Manche. Non. La folie et la mort se conjuguent sous les crânes d'une jeunesse dorée réunie dans les aîtres d'une propriété rebaptisée par l'un des garçons Escalpemos – anagramme de l'anglais *someplace*, d'où le titre français *L'Été de Trapellune* pour Nulle Part. Il est une chose dont je ne peux plus douter à présent. Comme dans ses deux premiers romans sous pseudonyme, Ruth s'abandonne avec une volupté certaine à ses démons les plus intimes, aux fantasmes qui, depuis longtemps sans doute, secouent son imaginaire et le fécondent. Elle ne m'a encore rien dévoilé de son passé. Ce que j'ai pu lire dans ses interviews ou des articles – peu de portraits jusque-là lui ayant été consacrés dans la presse britannique – ne révèle rien de sa vie. J'ose à peine écrire que, à ce moment, la seule indication capable d'orienter ma réflexion vers une analyse de son comportement tient à la métamorphose à mes yeux surprenante de Ruth lors de notre rencontre au St Margaret. Ce jour-là, en effet, elle s'est montrée sous l'apparence d'une femme littéralement *déguisée*... Raison peut-être pour laquelle la dame de l'hôtel la prenait pour une actrice.

8

Le 30 mars 1987 est un grand jour car j'ai le privilège d'interviewer P.D. James dans un bureau des éditions Mazarine. J'ai lu d'une traite *Un certain goût pour la mort*, un gros roman de près de cinq cents pages dont la critique anglaise a dit le plus grand bien. Il semblerait que Mrs James, âgée de soixante-sept ans, soit envisagée comme la digne héritière d'Agatha Christie, parce qu'elle affiche des idées conservatrices, mais aussi et surtout pour sa fidélité au *whodunit* classique, avec pour héros non pas un détective amateur mais un vrai policier, Adam Dalgliesh, poète à ses heures. Je n'hésite pas à lui rappeler sa belle envolée lyrique parue l'année précédente dans *The Observer* et je sens que cela lui fait plaisir. J'ai besoin de me pousser un peu du col devant cette femme au visage à la fois sévère et avenant, qui m'évoque le croisement entre une dame patronnesse et une assistante sociale modèle. Mais je perds une belle occasion de me taire lorsque je clame mon admiration pour l'œuvre de la mère d'Hercule Poirot. « Mais, *my dear*, me rétorque Mrs James, elle écrivait tellement mal. Parlez-moi plutôt de Dorothy L. Sayers. C'était une grande intelligence et certains de ses romans sont des chefs-d'œuvre. Vous les avez lus, n'est-ce pas ? » Je fais oui de la tête et décide d'entrer dans le vif du sujet : son nouveau roman. Le moment est venu de lui montrer que je suis autant sous le charme de la forme admirable de classicisme de son intrigue que séduit par la rigueur de son propos. Dalgliesh est bien l'ordonnateur de la grand-messe policière ouverte, symboliquement, par la découverte de deux cadavres dans la sacristie de l'église St Matthew que Mrs James m'avoue avoir inventée. Mais le rythme solennel auquel est menée son enquête, et le ton mesuré qu'emploie l'auteure comme pour préparer de manière habile le retour à l'ordre que le crime a mis à mal, ont à l'évidence une mission très précise. Ce que je ne lui dirai pas c'est que le ton moralisateur du livre, en dépit de toutes ses qualités narratives, a pour moi quelque chose de gênant. J'ai eu en le lisant – captivé par l'enchaînement des événements, la beauté des descriptions et la vivacité des dialogues m'évoquant les œuvres de mes victoriens favoris (Trollope, Collins et pourquoi pas Dickens) – la sensation de ne pas être exactement la cible idéale de la romancière. Mais il y a un terrain sur lequel P.D. James et moi nous retrouvons – ce qui me plaît car cette femme qui ponctue sans cesse son discours de « *my dear* » amusants m'est d'emblée sympathique –, c'est celui que j'aborde en lui demandant de me signer un livre que j'ai apporté. C'est un essai qu'elle a écrit en collaboration avec un historien de la police britannique, T.A. Critchley, sur les meurtres de Ratcliffe Highway perpétrés en 1811 et qui devaient inspirer à Thomas De Quincey son fameux *De l'assassinat considéré comme un des beaux-arts*. Un sordide fait divers ayant pour cadre les abords fétides de la Tamise et que, je l'avoue, la lecture des *Meurtres de la Tamise* ne m'a pas permis de débrouiller. Qu'importe, je profite de l'occasion pour insister sur l'intérêt que, depuis le *Bleak House* de Dickens, les praticiens du roman de mystère portent aux affaires criminelles et aux grands procès d'assises. « Vous voulez dire ces recueils de procès célèbres que l'on trouvait dans toute bonne bibliothèque familiale... Mon père travaillait aux impôts, à Ludlow, et je sais que le soir il aimait se plonger dans ses reliures toilées des *Famous Trials*. Je l'ai fait moi aussi pendant mes études et cela m'a beaucoup intéressée comme vous l'imaginez... Quand j'étais une petite fille, je me demandais qui avait bien pu faire tomber Humpty Dumpty du mur... » Elle pousse un petit cri avant de poursuivre, une lueur amusée dans le regard : « Et vous, comme mes filles, vous adoriez Enid Blyton. » Vexé, je mens aussitôt en affirmant que mon initiation au mystère s'est faite grâce à Sherlock Holmes. Et je m'en veux encore à ce jour d'avoir ajouté benoîtement : « Et à Agatha Christie. » Ce qui me vaut un nouveau regard navré.

Elle consulte alors sa montre pour signifier que notre entretien s'achève. Je sais qu'elle doit se préparer pour être à dix-huit heures dans les salons du British Council où une réception est donnée en son honneur.

Je ne tiendrai pas rigueur à Mrs James d'avoir porté un coup sauvage à mon vieil enthousiasme pour l'œuvre de son illustre consœur, d'autant que, à d'autres occasions, elle lui rendra hommage sans aller jusqu'à affirmer qu'Agatha Christie était une grande styliste. Ce que je ne prétends pas moi-même. Je ne connais du reste personne qui ait été tenté de le dire. On lui reconnaît depuis toujours un génie absolu des intrigues, une habileté sans cesse renouvelée à les nouer sans fioritures dans un cadre chaque fois totalement approprié. Bref, d'avoir joué admirablement la carte du Cluedo, comme elle le disait d'ailleurs dans un des cahiers d'écolier où elle notait ses idées...

Au cours de notre entretien du 30 mars 1987, P.D. James n'a pas manqué d'évoquer une figure éminente du *detective novel* anglais, celle de Dorothy L. Sayers. Si j'ai éludé tout commentaire érudit au sujet de cette dame de qualité c'est que je ne l'ai que très peu lue. J'ai pourtant, à quinze ans, été séduit par un livre de Miss Sayers intitulé *Les Pièces du dossier*, une histoire d'empoisonnement rédigée sous la forme d'un emboîtage de lettres et de journaux intimes à la manière de *La Pierre de lune*, de Wilkie Collins. J'ai appris, en lisant plus tard une biographie de Miss Sayers, qu'elle avait envisagé pendant longtemps d'écrire une vie de Collins qu'elle n'arriva jamais à mener à bien. Mais son existence était déjà plutôt bien remplie. Cette Oxonienne érudite, passionnée de textes médiévaux (elle traduisit *La Chanson de Roland*), renonça curieusement à la brillante carrière universitaire qui s'ouvrait à elle pour être, au début des années vingt, rédactrice dans une agence de publicité londonienne. Subitement, l'envie de s'essayer au genre florissant du roman d'énigme s'étant emparé d'elle, Dorothy crée le détective amateur Lord Peter Wimsey qui deviendra bientôt aussi fameux qu'Albert Campion, le héros fantasque des romans de Margery Allingham. Je comprends pourquoi Dorothy L. Sayers et son œuvre ont tant d'attrait pour Mrs James. Des romans comme *Arrêt du cœur* (*Unnatural Death*), *Lord Peter en Écosse* (*The Five Red Herrings*) et, plus encore, le somptueux écrin des amours très culturelles de l'aristocratique limier et de la romancière Harriet Vane qu'est *Le Cœur et la Raison* (*Gaudy Night*), sont nés de la plume d'une écrivaine au pedigree particulièrement flatteur. Sa culture et ses nombreux centres d'intérêt honorent un genre souvent décrié par un lectorat qui se veut exigeant sur le plan du style. En quelques livres, d'une tout autre nature pourtant que ceux de Miss Sayers, P.D. James, avec un sérieux qui l'honore, achève de donner du lustre à une forme quelque peu engoncée dans les vieilles formules et un manque coupable d'ambition stylistique. À l'excentricité dont faisaient preuve les auteurs des années trente s'opposent les enquêtes d'Adam Dalgliesh au réalisme clinique irréprochable. Et, ajouterai-je perfidement, légèrement élitiste.

Ai-je trouvé P.D. James assez snob lors de cette première rencontre ? Je pense qu'elle m'a surtout impressionné par la force de caractère que j'ai sentie en elle. Et tout ce que j'apprendrai d'elle par la suite n'a fait que confirmer cette image d'une femme déterminée sous des dehors « popote » destinés sûrement à tromper l'adversaire : Agatha Christie, cette femme qui écrivait si mal (!), n'était-elle pas en vérité de la même trempe ?

9

En mars 1988 paraît un recueil de nouvelles signé Patricia Highsmith, *Catastrophes*, démontrant, sur le mode le plus inquiétant, ses préoccupations en matière d'avenir de la planète. En émule de la Daphne du Maurier des *Oiseaux* – dont un éditeur anglais venait de rassembler les meilleures nouvelles sous le titre *Classics of the Macabre* –, Patricia imagine des cafards géants semant la terreur et, pire encore, des cadavres d'humains cancéreux produisant des protubérances phosphorescentes dans un cimetière allemand. Je pense alors que, de toutes les romancières impliquées à mes yeux dans l'évocation du mystère et du crime, cette femme est sûrement la plus dérangeante. Graham Greene a écrit qu'elle était davantage « la poétesse de l'appréhension que de la peur ». De notre rencontre récente, j'ai retenu qu'elle semblait faire des efforts désespérés, en présence des gens qu'elle n'avait pas forcément envie de fréquenter (les journalistes, notamment), pour garder la tête hors de l'eau avant de regagner les abysses où les figures de ses cauchemars familiers favorisent son travail.

J'ai l'impression que celle que j'appelle fièrement Ruth, à présent, est une créature bien plus pragmatique. En dépit des beaux scores de vente de ses livres, traduits dans seize langues et très appréciés du public américain, elle se montre plutôt attentive à leur accueil critique, ainsi que je puis en juger par sa réponse, le 6 juin 1988, à la lettre où je lui disais avoir aimé le dernier Wexford, *Les Désarrois du professeur Sanders* (*The Veiled One*) :

« Malheureusement, je ne peux pas dire que les critiques partagent votre enthousiasme. Il se pourrait simplement que ce soit dû au fait qu'ils pensent que je mérite une juste punition après avoir été un peu trop couverte de lauriers ces derniers temps ! »

La romancière, en effet, collectionne depuis plusieurs années les plus hautes distinctions attribuées des deux côtés de l'Atlantique aux membres de la grande famille des écrivains de livres policiers. Elle reçoit en 1986 un Edgar des Mystery Writers of America, sous la forme d'un petit buste d'Edgar Poe identique à celui que les cinéphiles avertis ont pu apercevoir au cœur du somptueux décor où évolue Laurence Olivier en écrivain cocufié par Michael Caine dans *Le Limier* de Mankiewicz. Le même mois, elle se voit remettre à Londres un Silver Dagger par les membres de la Crime Writers Association pour *L'Homme à la tortue* (*Live Flesh*).

Par le même courrier, elle m'informe de l'arrivée de Wexford à la télévision le 19 juin. « Je verrai demain une avant-première du premier épisode », me précise-t-elle. C'est que l'inspecteur chef de Kingsmarkham et son adjoint vont faire désormais partie des stars policières du petit écran. Ruth ne cessera plus de se dire enchantée par les prestations du comédien George Baker dans le rôle du personnage principal d'une série qui n'égale cependant pas en popularité *Morse*, du nom du flic superbement campé par John Thaw, non plus que *Barnaby*, associé pour longtemps à l'acteur John Nettles. Les enquêtes provinciales de Wexford sont parfois languissantes en dépit de l'originalité des intrigues qui jouent avec les tortueux méandres de l'esprit criminel. C'est la marque de fabrique de Ruth Rendell depuis l'origine. Et même si l'auteure s'ingénie, un livre après l'autre, à aiguiser l'intérêt du lecteur en l'apprivoisant par une sitcom littéraire très habile, elle n'atteint jamais la qualité d'émotions des fictions signées Barbara Vine d'inspiration moins strictement policière. Sinon par des personnages à la psychologie bien sûr déviante mais forcément asservie aux exigences de l'intrigue. Et par des lieux dont le plus symbolique est le faubourg de Kenbourne Vale, imaginé par Rendell à partir de divers quartiers de Londres qu'elle connaît comme sa poche et de fausses rues que j'ai vainement cherchées dans le *A to Z. London Street Atlas*.

Elle termine sa lettre en précisant : « Le nouveau Barbara Vine, *La Maison aux escaliers* (*The House of Stairs*), paraîtra chez Viking le 26 septembre. J'espère vivement qu'il vous plaira. »

La Maison aux escaliers reste mon roman préféré et je l'ai souvent relu. Je n'ai pas tardé à comprendre que Ruth avait voulu en faire, de manière appuyée pour le lecteur averti, une fiction jamesienne. En imprimant dans le tapis particulièrement sombre du récit une image personnelle. Car c'est bien sûr d'elle-même qu'elle parle par la voix de l'héroïne, Elizabeth Vetch, dont le nom est emprunté à un personnage des *Dépouilles de Poynton*, l'un des tout premiers romans de Henry James qu'il m'a été donné de lire. Mais ce n'est évidemment qu'un clin d'œil, Elizabeth, auteure de bluettes sentimentales façon Harlequin, ne rêve d'ailleurs que d'écrire un essai sur James – l'effet est appuyé. Car on discerne tout à la fois, dans la trame du livre, une fascination pour la figure de la femme mûre, libérée de toute entrave matrimoniale, et un effroi calculé pour la femme fatale, imprévisible parce que marquée par une destinée criminelle. *La Maison aux escaliers* est à mes yeux un chef-d'œuvre, et j'avoue qu'il m'a fallu du temps pour me convaincre, par-delà son immédiate séduction, de l'intensité de son pouvoir d'envoûtement.

Je n'ai pas tardé à faire connaître mon plaisir de lecteur à celle qui, très gentiment, avait exprimé l'envie de me voir aimer son nouveau livre sous pseudonyme. Car je sentais bien que Ruth Rendell était désormais fière de son double littéraire. Je me demandais d'ailleurs si la mention portée sur la couverture des Barbara Vine, « *Ruth Rendell writing as…* » était de son fait ou, plus raisonnablement sans doute, une exigence de l'éditeur Viking.

Le 8 décembre, dans sa réponse à ma lettre, la romancière se dit ravie de mon enthousiasme pour *La Maison aux escaliers*, m'informant d'emblée que le livre s'est vu récompenser par l'Angel Award, « un prix décerné chaque année à un écrivain vivant dans l'Est-Anglie ». Elle me dit encore, ce qui me comble d'aise, que jusque-là aucun critique n'a remarqué que le nom d'Elizabeth Vetch était emprunté à l'œuvre de James. Ce que, fièrement, je lui avais signalé dans mon commentaire. Je me suis également permis de noter que je trouvais un peu « facile » le titre donné à l'édition française de la dernière enquête de l'inspecteur Wexford, *Talking to Strange Men* (1987), roman d'espionnage orchestré par une bande de jeunes garçons, où l'un d'eux est bientôt confronté aux manigances d'un pédophile. « Je suis d'accord avec vous pour penser que *La Gueule du loup* est un titre idiot. Qu'a-t-il à voir avec le contenu du livre ? Les éditeurs sont vraiment un mystère. »

Ce dernier mot joue bien sûr avec un autre sens de *mystery*, qui désigne tout roman dit policier. J'avais déjà compris que l'auteure, sous des dehors parfois déroutants, nourrissait un fond d'humour assez répandu chez les Britanniques, et dans son cas assez féroce parfois.

10

Comme pour relativiser une obsession devenue exclusive pour Ruth Rendell, et qu'une petite voix dans ma tête finissait par juger malsaine, je décidai d'élargir mon champ d'investigation. La revue *Mystère Magazine* m'avait fait découvrir des nouvelles d'auteures américaines au talent moins original sans doute que celui de Patricia Highsmith, mais souvent tout aussi prenantes.

Ainsi Helen Nielsen, qui paraissait confiner ses histoires de suspense psychologique dans l'atmosphère poisseuse d'une Californie du Sud que stylisaient tragiquement, à mes yeux, un film comme *Psychose* et quelques épisodes de séries télévisées assimilant Hollywood à une sorte d'enfer aux allures de parc d'attractions à tous les sens du mot. J'associais les héroïnes malmenées des romans de Miss Nielsen, notamment celui intitulé *La*

Cinquième visite, au visage de Natalie Wood dans le film très émouvant *Inside Daisy Clover*, tourné par Robert Mulligan d'après le roman de Gavin Lambert. L'adolescente naïve éperdument amoureuse de Robert Redford, n'était-elle pas la nièce de Norma Desmond, dans *Sunset Boulevard* ?

La peinture d'un Hollywood en proie à ses démons, encouragée par des scénaristes un tantinet pervers, n'en finira jamais de me séduire tant elle s'accorde, parce qu'elle y trouve ses racines, à une tradition littéraire. Il existe un roman « hollywoodien ».

J'en avais fini provisoirement avec ce détour éclair au cœur du cauchemar californien lorsque, en juin 1989, j'allai passer un long week-end en compagnie d'amis français vivant alors à Londres, à Hay-on-Wye. Située aux confins de l'Angleterre et du Pays de Galles, cette bourgade est devenue depuis longtemps un très réputé « village du livre de seconde main ». Dès la première heure dans ce décor féerique, où derrière chaque porte s'ouvre une librairie généreusement fournie, la fièvre s'empare de moi et je crois encore rêver lorsque m'apparaît dans un ancien lieu de culte réhabilité en temple du vieux papier… le couple Rendell.

Don tient dans ses bras une pile de volumes alimentée par la romancière vêtue d'une longue veste et d'une jupe à rayures grises et blanches. Elle ne me voit pas mais Don, qui m'adresse un sourire épanoui, ne tarde pas à se pencher vers elle pour lui signaler ma présence. La joie suscitée par cette rencontre inopinée est douchée par le premier regard de Ruth, qui me fait toujours songer à la grande prêtresse du cours privé de mon enfance. Il faudra quelques minutes pour que Mlle Le Roy laisse la place à une Mrs Rendell me montrant fièrement quelques fruits de sa récolte : des romans de Thomas Hardy, je saurai bientôt quelle relation compliquée elle entretient avec l'œuvre de cet auteur, et les mémoires d'un victorien certainement éminent, John Addington Symonds – un nom qui m'intrigue mais ne restera pas longtemps inconnu pour moi. Nous échangeons des amabilités, je présente mes amis aux Rendell, puis je comprends que la romancière n'est pas à Hay pour perdre son temps en bavardages inutiles. Troublé par cette rencontre, j'explore l'une après l'autre les bouquineries du village.

Quelques heures plus tard, ayant déposé mes trouvailles au Bed & Breakfast, je me retrouve à la terrasse d'un pub. Les Rendell y arrivent peu après, Ruth prenant place à l'une des tables tandis que son époux se dirige vers le bar. Il en revient avec une pinte de bière et un verre de vin blanc qu'il tend à celle que je m'efforce de ne pas dévisager comme le ferait le fan qui s'est réveillé en moi.

Bientôt, je ne résiste plus à la tentation. J'observe le couple. Elle ne *le* regarde pas mais semble distraite par quelque pensée ayant trait, me dis-je, à l'incessant travail de maturation qui se fait en elle. Est-elle, à ce moment-là, l'auteure des enquêtes de Wexford ou Barbara Vine, son alter ego, remontant le labyrinthe d'une fiction trouvant ses racines dans le passé ? « Elle observe », dirait Chandler, ces gens qui s'agitent autour de nous dans la clarté déclinante de ce jour de juin qui nous aura vus, elle et moi, soumis à notre passion pour les livres. En ce qui la concerne, j'avais compris, dès la lecture de l'interview parue en 1981 dans *The Armchair*

Detective, que je n'avais aucunement affaire à une femme devenue écrivaine par accident mais à une personne cultivée, visiblement attentive à ce que l'on ne se méprenne pas sur les origines de son parcours dans le champ du roman policier, ni sur ses véritables intentions dans ce domaine.

Me trouvant à portée de voix du couple, je me détourne ostensiblement lorsque Don, après avoir replié les pages de l'*Evening Standard*, se met à parler avec Ruth. Je retrouve chez lui ce ton enjoué que j'avais beaucoup aimé lors de notre visite au musée d'Orsay.

Don me semble décidément être l'incarnation du mari modèle, le compagnon idéal de la romancière sans cesse bousculée par les personnages de ses fictions « dangereuses ». Elle parle à présent, et même si je ne saisis pas le sens de ce qu'elle dit, je comprends qu'elle est fâchée. Après Don ? Il semble que oui… Le voici qui se lève, s'éloigne d'un pas rapide. Rien de grave, sans doute. Peut-être a-t-il oublié quelque chose. Je risque un coup d'œil en direction de la romancière et mon cœur s'emballe car elle me fait signe de la rejoindre.

Lorsque j'arrive près d'elle, elle sort de son sac à main un livre de poche qu'elle me tend.

« C'est pour vous, François. Je l'ai trouvé d'occasion tout à l'heure… Il y a un amusant portrait de moi… »

Je la remercie et me saisis du petit volume intitulé *Character Parts* et signé John Mortimer, un nom qui ne m'est pas inconnu mais que je situe mal. Rendell se lève et s'éclipse, comme si elle était pressée d'aller retrouver Don pour se faire pardonner de l'avoir maltraité dans un lieu public…

Je découvre que le livre qu'elle vient de m'offrir est un recueil de courts portraits de célébrités où elle côtoie Edward Heath, Lauren Bacall, Boy George et William Golding. Je parcours rapidement les cinq pages qui lui sont consacrées et apprends que la romancière est native de South Woodford, dans la banlieue de Londres, où ses parents étaient enseignants. Il est dit aussi qu'elle a fait ses débuts dans la vie comme reporter dans un journal local où elle a fait la connaissance de Don, qui l'a « aidée » à faire publier la première enquête de l'inspecteur Wexford après que Ruth eut vainement proposé à des éditeurs une demi-douzaine de manuscrits…

Ces quelques indications me laissent sur ma faim, bien sûr, et je suis aussitôt jaloux de ce John Mortimer qui a su faire parler une femme toujours mystérieuse à mes yeux.

Le matin suivant, je n'ai aucun mal à retrouver les Rendell au détour d'une rue du village qui me rappelle celui de ma série télévisée favorite, *Le Prisonnier*. Installée sous un dais, Ruth se livre à une séance de dédicaces au bénéfice d'un groupe d'admirateurs qui patientent sagement devant elle en file indienne. Don est là, debout près d'elle, et me sourit dès qu'il m'aperçoit. Je m'avance vers lui et nous nous serrons la main. « Nous repartons dès que Ruth aura fini de signer. Ça nous fait très plaisir de vous revoir. Quand vous reviendrez, faites-nous signe et venez déjeuner à Nussteads. » Je lui souhaite un bon retour dans le Suffolk puis me tourne vers Ruth qui ne relèvera la tête qu'après avoir été prévenue de ma présence par son mari. Elle me dédie un large sourire qui transfigure ses traits toujours marmoréens, mais beaucoup moins figés qu'au jour de notre première rencontre sept ans auparavant.

Je rapporte de Hay-on-Wye, parmi d'autres trésors, un exemplaire de *My Story*, l'autobiographie de Mary Roberts Rinehart parue en 1931. Je crois comprendre, à la lecture de ce témoignage emphatique, parfois un peu outré, de la romancière – dont le magazine américain *The Mentor* signalait en décembre 1927 qu'elle était la femme écrivain affichant alors le meilleur taux de lecteurs masculins –, qu'elle avait dû beaucoup se battre pour conquérir ce titre. Mais je me rends surtout compte que la pratique de la littérature de genre – le roman policier qui vaut à Mrs Rinehart d'être considérée comme l'« Agatha Christie américaine » ou la comédie de mœurs, genre dans lequel elle met en scène une héroïne, Letitia Carberry, surnommée Tish –, n'est aucunement un obstacle à l'accession à une vraie notoriété. Sa renommée d'auteure ira de pair avec une activité sociale et mondaine jusque dans les cercles du pouvoir à Washington, où Mary et son époux le docteur Rinehart – elle ne le nomme jamais autrement dans son livre – seront des familiers du président Warren G. Harding.

Je comprends que Ruth, elle aussi, mène jusque-là un combat d'ordre purement littéraire, s'efforçant de dépasser les limites forcément étroites du genre qui l'a fait connaître et qu'elle maîtrise au point d'en être désormais une des *leading ladies* avec sa rivale et néanmoins amie P.D. James qui, grâce à des romans aux intrigues classiques s'applique très habilement à conquérir un public exigeant, épris de qualité d'écriture (ce que n'avait jamais visé Agatha Christie). Rendell, en devenant Barbara Vine, se lance sur les traces de ses consœurs Patricia Highsmith ou Joyce Carol Oates, dans une voie plus risquée, moins littérairement correcte.

Lecture faite des mémoires à la fois désuets, pittoresques et pleins de charme de Mary Roberts Rinehart – si mal traduite, ou pire, adaptée en France sous les couvertures de collections sentimentales (*Nous deux* ou *Intimité*) –, je ne songe même pas à imaginer pour Ruth Rendell un destin comparable. Jusque-là, les reines britanniques du crime n'ont jamais sollicité d'autres distinctions que celles attribuées par la Couronne aux bienfaiteurs de la culture de masse. Autrement dit à des artistes ayant amassé assez de royalties pour satisfaire l'ogre insatiable du Trésor de sa Gracieuse Majesté. C'est ainsi que, de manière fort peu romantique, la mère d'Hercule Poirot acheva sa fructueuse carrière adoubée du titre de Dame de l'Empire britannique.

11

Alain Oulman, neveu de Robert Calmann-Lévy et directeur alors des éditions du même nom, me propose fin 1989 de rejoindre le comité de lecture de la maison qui publie depuis les années cinquante les livres de Patricia Highsmith et, désormais, ceux de Ruth Rendell. Oulman est un sexagénaire à la chevelure brune et aux gestes vifs, d'un abord très chaleureux. Il me convie à déjeuner dans un restaurant du square Édouard-VII et, sachant que je connais Ruth, ne tarde pas à me parler d'elle et de Don. Je l'entends soudain me dire : « Et vous n'ignorez pas qu'ils ont divorcé en 1975 pour se remarier deux ans plus tard… »

Je lui avoue mon ignorance d'une voix sûrement émue. L'éditeur ajoute alors : « Je vous dirai une autre fois avec qui elle a vécu ces deux années avant de convenir que Don était finalement le compagnon idéal. »

Il rit tandis que je reprends contenance.

Le destin voudra que cette révélation sur laquelle je m'interroge encore ne me soit jamais faite par Alain Oulman, décédé quelque temps plus tard d'un accident cardiaque dans son sommeil. Patricia Highsmith fera part de son chagrin dans un article publié par le *Guardian* de Londres. Quant à Ruth, elle s'exprime à ce sujet dans une lettre qu'elle m'écrit le 16 juin 1990 : « Oui, ce qui est arrivé à Alain Oulman est vraiment terrible. Il va beaucoup me manquer. » Elle me remercie par la même occasion d'avoir aimé le nouveau Barbara Vine *Ravissements* (*Gallowglass*), qu'elle a dédié à son agent littéraire, Pat Kavanagh. Celle-ci est la compagne du romancier Julian Barnes, et j'apprendrai plus tard que cet écrivain de talent a bénéficié de l'hospitalité des Rendell pour écrire dans le calme de leur maison du Suffolk une partie de son livre *Le Perroquet de Flaubert*. Je suis touché par ce que ma correspondante dit encore : « C'est un soulagement de savoir que j'ai un ami dans la place. » Cela me flatte de façon excessive tant je sais que comme membre du comité de lecture je n'ai qu'un pouvoir très réduit. Au cours du déjeuner avec Oulman, enhardi peut-être par la considération que cet homme raffiné me témoignait, je lui ai dit regretter que les romans signés Barbara Vine paraissent en France sous le nom de Ruth Rendell. Sa mimique désolée m'a fait comprendre que la raison en était avant tout commerciale et j'ai aussitôt regretté ma remarque au fond assez naïve.

Un bienveillant hasard me fait acheter le *Sunday Times* du 1er avril 1990. J'y trouve une double page consacrée à la remise du Sunday Times Award au Grosvenor House Hotel de Londres, quelques jours plus tôt, à une *guest star* dont vous avez déjà deviné le nom. Ruth Rendell y reçoit un long hommage prononcé par son fan John Mortimer. Lequel, après avoir soumis sa consœur à un feu roulant de compliments empruntés au portrait que j'ai pu lire dans *Character Parts*, conclut ainsi son adresse : « Ce prix n'est pas destiné à honorer un auteur de fiction de genre, c'est simplement une récompense attribuée à un écrivain de très grand talent. » La lauréate, à son tour, prend la parole : « J'ai écrit plus de livres que certains auteurs en publient dans toute leur carrière, avant d'oser en envoyer un seul à un éditeur. Pendant des années ces manuscrits sont restés dans un placard, à Highgate, où je vivais alors, jusqu'à ce que la rupture d'une canalisation d'eau ne les transforme en charpie… J'avais écrit mon grand roman juif, lâché la bride aussi à une effusion autobiographique et composé un roman historique autour du mouvement d'Oxford. Deux autres textes étaient une comédie de mœurs et un roman policier. Ce dernier, que j'avais écrit dans le seul but de me prouver que j'étais capable de le faire, a été publié. Ainsi, c'est par hasard que je suis devenue auteure de romans de mystère et depuis lors j'ai tout fait pour tenter de m'enfuir du territoire sur lequel je m'étais fourvoyée. »

J'aurais aimé me trouver parmi les invités du banquet donné au Grosvenor, car j'aurais applaudi à tout rompre ma championne avant de la féliciter pour la énième récompense qui venait de lui être attribuée. Les choses, enfin, étaient dites : Ruth affichait ce qui, depuis toujours, était sa véritable ambition d'écrivaine. Mais alors, abandonnerait-elle un jour l'inspecteur Wexford à la galerie de policiers de fiction dont il était devenu l'une des figures éminentes ? Son seul rival sur la scène anglaise était alors le policier-poète du Yard, Adam Dalgliesh, dont P.D. James, en pleine possession de ses moyens, tirait les ficelles. Le risque était grand d'accomplir ce que même Agatha Christie – qui, dès les années cinquante, pourtant, affirmait que son « petit Belge » l'insupportait – ne s'était pas résolue à faire, sinon par anticipation dans un roman confié au coffre d'une banque : tuer Hercule Poirot. Tous ceux qui, à la veille de la disparition de la Duchesse de la mort avaient lu *Hercule Poirot quitte la scène* (*Curtain*), avaient éprouvé à quel point la romancière avait fini par détester son héros.

On s'apprêtait justement à célébrer, en septembre, le centenaire de la naissance d'Agatha Christie. Torquay, « la perle de la Riviera anglaise », serait l'épicentre de l'événement et j'étais ravi d'y être l'envoyé spécial du journal auquel je collaborais. Au cours d'une brève escale à Londres avant de reprendre le train à Paddington – mais pas celui de 16 h 50 dans lequel, depuis un autre convoi, une amie de Miss Marple voit un homme étrangler une pauvre créature – je « fais » les librairies. Je découvre ainsi que Ruth Rendell a préfacé pour la collection Penguin Classics le roman d'Anthony Trollope *Doctor Thorne*. L'érudition de cette femme est surprenante.

À Torquay, où je me retrouve avec plaisir, c'est l'effervescence des grands jours. Un véritable folklore se déploie. On attend la venue dans la petite gare de l'Orient-Express, chose inédite mais ô combien symbolique de l'œuvre christienne. En sortiront, sous l'œil des caméras, l'actrice Joan Hickson, interprète de Jane Marple dans une série télévisée plutôt réussie, et David Suchet, le désormais incontournable Hercule Poirot qui, amusé, me révélera au milieu de la bousculade médiatique la paisible retraite de ses parents, originaires d'Iran, sur l'une des sept collines de Torquay…

Je suis interviewé au titre de biographe de la Duchesse de la mort pour le journal télévisé d'une chaîne nationale, lâchant deux ou trois banalités sur le centenaire, mais j'ai la tête ailleurs. Dans le train du retour, je me plonge dans *Doctor Thorne*, espérant avoir bientôt l'occasion de parler de ce livre avec sa préfacière. Et aussi de lire son plus récent roman, *La Demoiselle d'honneur* (*The Bridesmaid*).

En attendant, je fais une découverte. Celle d'une romancière anglaise totalement inconnue en France et dont la collection Penguin Crime vient de rééditer deux romans, gratifiés sur la couverture d'une appréciation critique signée... Ruth Rendell : « Ses histoires de suspense sont celles que j'apprécie le plus au monde. » Je me jette aussitôt sur *Les Petites Sœurs du mal* (*Sheep's Clothing*) de Celia Dale. On n'aurait aucun mal à imaginer que Patricia Highsmith et Ruth Rendell se soient associées pour mettre au monde ce récit sulfureux nous montrant deux délinquantes de la pire espèce escroquant sournoisement des retraitées trop confiantes. Miss Dale manie une forme d'humour noir très hitchcockienne, assez proche de celle pratiquée par Rendell dans ses nouvelles (*Le Voile noir*, par exemple), qui s'accorde aussi parfaitement au ton déprimant de l'auteure du *Journal d'Edith*. Bref, lorsque, très agacé qu'aucun éditeur français n'ait su la « découvrir », je signale son existence dans une chronique de *Libération*, un miracle se produit. Isabelle Laffont, qui lance une nouvelle collection policière à l'enseigne de son père, achète les droits des deux Penguin et les publie. La critique ne suit pas, comme cela se produit souvent. Exit Celia Dale, décédée quelque temps plus tard. Qu'elle repose en paix, en attendant d'être redécouverte.

12

La librairie Murder One est, dans Charing Cross Road, le haut lieu de la culture policière londonienne et, à chacun de mes séjours outre-Manche, j'y fais d'intéressantes découvertes. Un après-midi du printemps 1991, je mets la main sur un petit livre consacré à la très respectée « pionnière du roman d'énigme », l'Américaine Anna Katharine Green, que vient de publier un éditeur universitaire de l'Ohio. Née en 1846, cette New-Yorkaise qui, sur le portrait photographique ornant le frontispice ressemble à une gouvernante grassouillette engoncée dans une robe à fleurs, était, rappelons-le, la fille d'un juriste spécialisé dans les affaires criminelles. Elle devait beaucoup aimer son cher papa car, nous dit l'auteure de l'essai, Patricia D. Maida, elle l'accompagnait dans ses déplacements à travers la ville, l'écoutant parler avec son assistante des procès en cours. Tant et si bien que, après s'être quelque temps consacrée à la poésie, Miss Green décida d'écrire un roman judiciaire qu'un ami de son père soumit à l'éditeur George Putnam. *L'Affaire Leavenworth* fut, dès sa parution en 1878, un best-seller, augurant d'une belle carrière pour celle qui, à sa mort en 1935, laissait à la postérité trente-cinq romans, une vingtaine de nouvelles et autant de pièces de théâtre lui assurant une survie qui ne s'est jamais démentie. Les amateurs de romans d'énigme n'ont pas oublié – du moins outre-Atlantique – le fait que, sept ans après l'invention d'un genre (*Double assassinat dans la rue Morgue* d'Edgar Poe) et neuf ans avant la publication d'« Une étude en rouge » (le premier Sherlock Holmes dans le numéro de Noël de l'almanach Beeton), Miss Green avait fait au monde des aficionados de romans de mystère un fabuleux cadeau. Sur le modèle du chevalier Dupin de Poe, mais de façon moins sophistiquée, c'est-à-dire plus abordable, elle mettait en scène un policier new-yorkais, Ebenezer Gryce, attirant l'immédiate sympathie du lecteur. En cela, il évoquait un peu l'inspecteur Bucket du *Bleak House* de Charles Dickens ou le sergent Cuff de *La Pierre de lune* de Wilkie Collins, ces deux romanciers témoignant déjà, comme le faisait Miss Green, d'un authentique respect pour la gent policière. Ebenezer évolue avec délicatesse dans un monde qui est aussi celui de la richissime héritière, et bientôt grande écrivaine, Edith Wharton. Mais il partage avec malice le regard de sa créatrice, issue elle-même de la classe moyenne comme ce sera toujours le cas de ses consœurs dans le siècle à venir. Sa création du policier très intuitif inspirera de façon certaine celle du grand détective de Baker Street, ce dont Conan Doyle ne se vantera jamais.

Pour la seconde fois, en ce glorieux mois d'avril 1991, je me retrouve à Murder One dans la file des admirateurs de ma romancière favorite. Ruth Rendell y signe ses œuvres, entre midi et treize heures. Je m'approche d'elle qui, tête baissée, achève une dédicace avant d'offrir un sourire artificiel à la personne me précédant. Lorsqu'elle m'aperçoit elle pousse un cri de surprise qui me comble d'aise. Elle se dit ravie de me voir, m'accusant pour la forme de ne pas avoir annoncé ma visite. Enhardi par tant de civilité, je lui fais benoîtement remarquer que je n'ai pas son numéro de téléphone à Londres. Elle se saisit aussitôt d'un carré de papier rose et y inscrit un numéro à sept chiffres. « Don et moi sommes souvent ici, dans notre pied-à-terre de Regent's Park. »

Puis elle s'empare vivement du livre que je lui tends : ses *Collected Short Stories* dont Hutchinson vient de sortir une superbe édition reliée et y appose ces mots : « *Love from Ruth* », qui me font rougir. Ayant, quelques instants plus tard, à treize heures pile, signé un dernier livre et salué le vendeur de la librairie, elle m'entraîne à l'extérieur. « Allons prendre quelque chose par ici », dit-elle. Elle enfile sur un ensemble de laine tricotée le manteau chiné que je lui connais depuis la visite du musée d'Orsay – elle paraît l'aimer beaucoup – et j'ai du mal à la suivre avant qu'elle ne bifurque dans une rue calme de Soho. J'entre à sa suite dans un petit snack où jamais je n'aurais eu l'idée de mettre les pieds tant il paraît minable. Elle choisit dans la pénombre enfumée une petite table bancale au voisinage immédiat d'un couple de punks à la crinière rouge qui durant toute notre conversation n'accorderont aucune attention à celle qui, de plus en plus souvent, met en scène des marginaux dans ses livres. Une serveuse, aux oreilles et au menton ornés de piercings, prend notre commande, café pour Ruth et Coca-Cola pour moi. Le regard perdu dans le vague, Ruth se met à faire l'éloge d'un livre qu'elle vient de lire et qu'elle juge magistral : *Le Maître des illusions* (*The Secret History*) d'une jeune Américaine nommée Donna Tartt. « C'est magnifique et je suis très jalouse. J'aurais aimé écrire ce roman, tellement profond et maîtrisé. Lisez-le quand vous le pourrez ! » J'ignore encore que, deux ans plus tard, je rencontrerai à Paris la charmante Miss Tartt, celle-ci avouant sans difficulté avoir bénéficié de l'aide amicale de Brett Easton Ellis pour venir à bout de cet impressionnant ouvrage de près de sept cents pages qu'elle a porté pendant dix ans. J'ai succombé moi aussi au charme de ses héros : des étudiants d'une université du Vermont entraînés par un de leurs condisciples dans une expérience dionysiaque…

Rendell me parle du livre qu'elle vient d'achever, un Barbara Vine ayant pour cadre le métro de Londres, ce *tube* dont le tracé labyrinthique n'a plus de secrets pour elle. « Vous savez, j'ai déménagé vingt-neuf fois dans cette ville », m'apprend-elle avant de consulter sa montre. Je règle la modeste addition tandis qu'elle remet son manteau. Alors que nous quittons le snack, elle me lance : « Appelez-moi quand vous revenez ! » Puis elle se précipite vers la rumeur de Charing Cross Road, hèle un cab qui ne semblait attendre qu'elle et s'y engouffre, telle Elizabeth Vetch aux premières lignes de *La Maison aux escaliers*.

L'année 1991 ne s'achèvera pas sans que naisse, ou plutôt se développe, un projet qui m'enchante. Celui d'une série de volumes Omnibus reprenant dans de nouvelles traductions les romans de Ruth Rendell parus au Masque. L'œuvre d'Agatha Christie connaîtra, en quatorze tomes, le privilège de cette intégrale. L'édition de cette nouvelle entreprise m'est attribuée, le principe étant que l'auteure accepte de me préciser, pour chaque roman, les circonstances dans lesquelles il a été conçu. Je vais donc être amené à la revoir très vite. En août paraît *King Solomon's Carpet* (*Le Tapis du roi Salomon*) chez Viking, aussitôt salué par la presse comme un possible candidat au fameux Booker Prize. J'imagine que Ruth doit rêver secrètement de recevoir ce prix qui récompense chaque année l'une des meilleures plumes de la fiction britannique. J'ai ainsi eu la chance de rencontrer Antonia Susan Byatt, lauréate du prix en 1990 pour *Possession*. Elle me reçut dans sa maison de vacances au cœur d'un village proche de Montpellier. Sous l'apparence débonnaire de cette quinquagénaire s'exprimant dans un français parfois très pittoresque, se dissimulait une immense érudition. Nous nous sommes revus souvent et je pleure à présent sa disparition à l'automne 2023. *Possession* est un authentique roman victorien de mystère, articulé autour de la relation entre un poète imaginaire et son égérie. Mais c'est aussi, pour l'auteure de cette construction complexe, l'occasion de nous offrir un véritable florilège des écrits du poète en question, Randolph Henry Ash… Pur chef-d'œuvre dont je ne cesserai de recommander la lecture à ceux qui se passionnent pour l'invention des mythes littéraires – une des manies de Jorge Luis Borges – et le jeu subtil qu'elle permet à un auteur d'instaurer avec son lecteur. Rendell s'y est employée depuis les origines de son œuvre et elle se plaira de plus en plus souvent à le faire dans les années à venir…

Pour l'heure elle décide de régler son compte à une illustre devancière en publiant le 17 novembre 1991, dans le *Sunday Express*, un article intitulé méchamment : « Une énigme pour les fans d'Agatha Christie : qui achètera ça ? » Après un court préambule rappelant l'immense talent de magicienne de Mrs Christie, Ruth plante une première banderille : « Elle a créé une femme détective immortelle à laquelle la comédienne Joan Hickson, et elle seule, a su donner vie. » Elle en vient alors à ce qui motive son intervention, la publication d'un recueil de nouvelles mettant en scène d'autres détectives nés sous la plume de Christie, textes qu'elle qualifie joliment de « fonds de tonneau […]. Le lecteur ne partageant pas l'adoration du fan de base se demandera la raison d'une telle exhumation ». Et, seconde banderille, de s'en prendre avec virulence à une nouvelle parue initialement en 1971 et censée être « contemporaine », mais dont les protagonistes vivent encore comme dans l'entre-deux-guerres.

Elle conclut sur le mode ironique à propos de la mention de bas nylon dans une nouvelle datant de 1936 (*Le Mystère des régates*) alors que, dit-elle, la firme DuPont n'en mettra sur le marché qu'en 1940…

13

Le premier volume de l'intégrale de Ruth Rendell est programmé pour la fin de l'été 1992. Il comprendra les sept premières enquêtes de l'inspecteur Wexford publiées entre 1964 et 1972. La romancière m'a confié ses numéros de téléphone, celui de Nussteads, sa retraite campagnarde du Suffolk, et celui de son adresse londonienne. Elle décroche immédiatement quand je compose le premier. Nous prenons rendez-vous pour une « séance de travail » dans la capitale et je reçois en toute confidence l'adresse où me rendre.

Trois semaines plus tard, un taxi me dépose Cornwall Terrace, en bordure de Regent's Park, à deux pas du musée de Madame Tussauds. Je découvre une enfilade de *mews*, ces anciennes écuries reconverties en résidences pour clientèle huppée. Agatha Christie en possédait une à

Chelsea dans les années cinquante. C'est Don qui m'accueille, jovial comme à l'ordinaire. Je le suis à l'étage par un étroit escalier. Ruth est alanguie sur un sofa encombré de coussins multicolores, la mine sombre. Elle m'indique d'un doigt autoritaire à l'ongle acéré le fauteuil club qui lui fait face. Et soudain son visage s'illumine tandis qu'elle se redresse et me questionne *ex abrupto* : « Savez-vous le nombre exact de réseaux ferrés souterrains dans le monde ? » Ahuri, je réponds n'importe quoi. Elle lève les yeux au plafond. « Mais non, François, vous n'y êtes pas du tout. Il y en a quatre-vingt-douze. » Don est resté debout sur le seuil de cette pièce mal éclairée et très peu meublée. Ruth lui adresse un regard peu amène et lui dit : « Bon, maintenant tu nous laisses ! » Tandis que le cher homme obtempère, je me donne une contenance en ouvrant mon bloc-notes. Je pose une première question d'une voix mal assurée, déclenchant une mimique dégoûtée de la romancière.

« Où suis-je née ? À South Woodford, tout au bout de la banlieue nord de cette ville. Pas un endroit très excitant pour grandir… Vous voulez tout connaître de mes origines, bien sûr, allons-y !

Mon grand-père paternel était un Juif allemand travaillant à Hatton Garden, le quartier des diamantaires. On n'en parlait jamais dans la famille mais j'ai toujours éprouvé ma judéité. Mon père, Arthur Grasemann, a été docker à l'âge de quinze ans, à Portsmouth. Puis il a tout de même fait des études et il est devenu enseignant. Ma mère, Ebba Elise, était née en Suède mais elle a été élevée au Danemark. » Ruth fait une pause, contemple les bagues d'une de ses longues mains fines.

« Elle a eu cette maladie... la sclérose en plaques. Vous connaissez ? Elle n'a pas été diagnostiquée tout de suite et elle est devenue bizarre, acariâtre, sans que l'on sache vraiment pourquoi. Elle est morte alors que j'étais encore très jeune et c'est notre femme de ménage qui s'est occupée de moi. Quand je me suis rendu compte de ce qui lui était arrivé, j'ai pensé que ce devait être héréditaire et j'ai commencé à me surveiller : dès que je laissais tomber un objet, je me disais que la maladie était là... Heureusement, j'avais mon père. Il connaissait tellement de choses ! Il savait tout faire. Il était passionné de géologie, de mathématiques – c'est d'ailleurs ce qu'il enseignait dans une école de l'East End –, et je me rappelle qu'il construisait de ses mains toutes sortes d'engins lorsqu'il n'était pas plongé dans un problème de mots croisés ou parti fouiner dans une brocante. [Elle reprend son souffle, les yeux écarquillés :] Et puis il y avait les livres. Il lisait tout le temps et c'est lui qui m'a appris à lire. Quand j'étais encore toute petite, il me prenait sur ses genoux et me lisait Thomas Hardy. Il m'en a d'ailleurs dégoûté. [Elle rit.] J'y suis revenu plus tard, avec Trollope. »

Je l'interromps pour lui signaler que j'ai lu sa préface au *Doctor Thorne* de Trollope et, la main sur le cœur, elle dit qu'elle en est enchantée, pensant sûrement que je ne suis qu'un vil flatteur.

Après une pause pendant laquelle nous partageons sobrement le contenu d'une bouteille d'eau de Malvern – il n'y a visiblement pas de domestique dans cette jolie maison pour nous préparer du thé –, je demande à Ruth, que je sais être née en 1930, comment elle a vécu la guerre.

« Comme la plupart des enfants de Londres, j'ai été évacuée dans une ville du Sussex, Midhurst, qui a servi de modèle à Kingsmarkham, là où officie Wexford. Après cela, j'ai fréquenté la Loughton High School, que je n'aimais pas. Je passais beaucoup de temps avec mon cousin Michael… Michael Richards, qui a bien voulu faire le texte de la chanson de Zeno Vedast dans *Reviens-moi*. Il écrivait de la poésie et rêvait de devenir acteur, mais n'y est jamais arrivé. Il est mort du sida il y a trois ans. Nous ne savions pas quoi inventer comme bêtises. Quand nous étions ados, on coinçait nos cigarettes allumées dans les portières du métro pour continuer à fumer à l'arrêt suivant. Je ne peux m'empêcher de nous imaginer, pareils à Susan et à Mike, les héros du film *Deep End*. Quand j'ai été engagée à vingt-deux ans comme reporter au *Chigwell Times*, un journal local où j'ai connu Don, j'étais pauvre au point d'avoir seulement le choix chaque jour entre un repas chaud ou dix cigarettes.

— Quel genre d'articles faisiez-vous ? lui demandai-je, très intrigué.

— J'ai surtout fait des bêtises. Un jour, dans un papier que je devais écrire sur les maisons, j'ai imaginé que l'une d'elles était hantée par un fantôme. Les propriétaires ont voulu me traîner en justice… Le pire était à venir lorsqu'on m'a chargée de rendre compte de l'assemblée annuelle du tennis club. Connaissant par cœur le cérémonial, je m'étais permis d'écrire mon papier sans perdre de temps à y assister. Mais je n'avais pas prévu que le président du club mourrait d'une crise cardiaque pendant son discours. Je fus renvoyée du journal.

— Vous écriviez déjà de la fiction ?

— Bien sûr. J'avais tellement lu. J'adorais Somerset Maugham, alors j'écrivais des nouvelles que j'envoyais à des magazines et que l'on me renvoyait avec obstination. J'ai donc entrepris d'écrire des romans.

— Vous savez, j'ai lu la transcription du petit speech que vous avez fait au Grosvenor Hotel.

— Ah oui ? À propos de mon œuvre antédiluvienne ! »

Nous rions tandis qu'elle nous sert à boire à tous deux.

« Pendant dix ans, j'ai été femme au foyer et auteure sans débouchés, si je puis dire. Mon fils Simon est né. Je me suis occupée de lui. L'un des romans que j'avais écrits était un livre policier. J'aimais assez les enquêtes de Fred Fellows, le héros de Hillary Waugh. Comme nous avions passé des vacances en Irlande, dans le comté de Wexford, j'ai appelé mon inspecteur Wexford. Don était alors journaliste parlementaire et avait quelques relations. C'est comme cela que le manuscrit d'*Un amour importun* (*From Doon with Death*) s'est retrouvé chez l'éditeur John Long et, moyennant des retouches, a été publié en 1964. Il a aussitôt été acheté par les Américains, ce qui m'a encouragée à persévérer dans la voie du crime. Et puis j'ai eu chez Hutchinson un merveilleux éditeur. Il m'a beaucoup appris, notamment à ne pas faire de longueurs. Il s'appelait Gerald Austin, et il n'est malheureusement plus de ce monde. Je lui ai dédié *L'Analphabète.* »

Elle fixe du regard une belle tapisserie sûrement coûteuse signée Kaffe Fassett et se prend à rêver quelques secondes. Je tousse bêtement et lui demande : « Donc vous n'aviez jamais envisagé de devenir auteure de romans policiers ? »

Puis je lui rappelle ce qu'elle m'avait dit un jour à l'hôtel St Margaret, à propos du premier Barbara Vine qu'elle a mûri pendant dix ans.

« Je vous ai prouvé que j'étais capable de faire autre chose que d'aligner les enquêtes de Wexford, non ? »

On dirait qu'elle va se fâcher. Mais elle éclate d'un rire sinistre et ajoute, en roulant des yeux qui m'inquiéteraient si je ne la connaissais pas : « Il n'y a que les critiques qui n'ont rien compris. Vous savez ce que *Time Out* a écrit à la sortie de *Vera va mourir* (*A Dark-Adapted Eye*) ? Que mon pseudonyme de Barbara Vine était un déguisement pathétique. »

Je prends un air affligé, préférant ne pas émettre de commentaire. À cet instant, des pas se font entendre dans l'escalier. Don Rendell surgit, le sourire aux lèvres, tenant à bout de bras un plateau lourdement chargé.

« *Tea is ready, folks !* », annonce-t-il d'une voix de stentor. L'interview est terminée.

Dans un portrait d'elle, paru quelque temps plus tard dans le supplément dominical du *Times*, Ruth affirme : « Don est un parfait homme d'intérieur tandis que c'est moi qui prépare notre frugal repas de midi », précisant qu'elle est végétarienne, la simple vue d'un étal de boucherie lui donnant la nausée.

Au fond, je persiste à trouver ce couple mal assorti car, les comparant l'un à l'autre, Don m'apparaît comme un brave type sans histoires, alors que, à mes yeux, Ruth se dessine de plus en plus sous les traits d'une aventurière des lettres farouchement attelée à la tâche qui l'absorbe tout entière et finit par faire d'elle une sorte de divinité inquiétante. Encore que, à la différence d'une Patricia Highsmith tellement proche des personnages de ses livres, Ruth montre bien la distance existant, au moins par l'apparence, entre les monstres qui s'agitent au travers d'une fiction souvent débridée et la femme nullement dénuée d'humour qu'elle est au quotidien. Je la sais à la fois consciente des enjeux difficiles d'une carrière admirable et du triomphe incertain qu'elle en espère, le Booker Prize par exemple. Mais n'a-t-elle pas déjà vendu plus de livres à travers le monde qu'aucun des lauréats de cette prestigieuse récompense ?

Elle se venge néanmoins d'un milieu littéraire londonien qui la dédaigne tout en feignant de la trouver distrayante – contrairement à sa consœur P.D. James prise très au sérieux par cette même nomenklatura – dans un roman qu'elle termine au moment de notre entretien. *Le Goût du risque* (*Kissing the Gunner's Daughter*) est une longue enquête de l'inspecteur Wexford au cours de laquelle, au grand désespoir de son père toujours très possessif, la fille du policier s'éprend d'un romancier à la mode nommé Augustine Casey. L'auteure exécute un portrait au vitriol de ce dandy exaspérant de vanité, dont Wexford tente vainement de lire le dernier livre sélectionné par le Booker (!), une fiction sans personnages. Le malheureux héros de Ruth – dont celle-ci ne cache plus depuis longtemps qu'il doit autant à son cher papa, Arthur Grasemann, qu'à elle-même – se réfugie aussitôt dans Trollope et les histoires de fantômes du médiéviste M.R. James comme il avalerait un nécessaire antidote.

1992. Son éditrice au Masque et moi nous rendons dans le Sussex pour évoquer avec la romancière la sortie, en septembre, de la première intégrale Rendell. La ferme du XVIe siècle, où le couple réside la plupart du temps, est environnée d'une vaste zone boisée, et l'interminable allée noyée dans les frondaisons m'évoque irrésistiblement le « tunnel de verdure » menant au lieu du drame dans *L'Été de Trapellune*. Nous sommes bientôt soumis à un examen attentif, quoique bienveillant, des félins résidents de Nussteads : Sukey, une chatte obèse que sa maîtresse surnomme Grand-mère, Percy, un joli croisé birman, Banbury, le bleu russe, et Blanche. Tandis que Ruth et l'éditrice parlent contrats, Don m'entraîne à l'extérieur. Il me montre le petit cottage où sont reçus les invités. Outre Julian Barnes, Jeanette Winterson, lesbienne militante, y a mené à bien son livre *Le Sexe des cerises* (*Sexing the Cherry*). J'éprouve même un certain amusement en découvrant que Martin Amis y a travaillé, car je sais la rumeur selon laquelle le fils de Kingsley Amis aurait eu une relation torride avec Pat Kavannagh, la compagne de Barnes et par ailleurs agent littéraire de Ruth...

Au cours de l'après-midi que nous passons à Nussteads, la conversation roule sur un thème de plus en plus affirmé dans l'œuvre rendellienne : le comportement sexuel des personnages, en lien avec leur déviance menant à l'accomplissement d'actes criminels. Mais pas seulement, la romancière ne se privant pas de dire qu'elle « aime le sexe ». Elle se dit féministe, ce qui n'est pas une surprise, et revendique une absolue liberté de mœurs pour « ceux qui en sont dignes ».

Lorsque nous prenons congé, Ruth me remercie brièvement pour l'article que j'ai signé dans *The European* à propos de son nouveau recueil de nouvelles, *Plumes de sang* (*The Copper Peacock and Other Stories*). Je fais le modeste mais en réalité je suis fier d'avoir écrit ce papier dans sa langue. Article dans lequel je signalais avoir trouvé particulièrement impressionnante la nouvelle intitulée « Papiers ». On y découvre une obsession saisissante dans une atmosphère rappelant celle de la *novella Douces morts violentes.* Sur fond de décor à la Edgar Allan Poe se profile un personnage de grand-mère refusant à la jeune narratrice la révélation du lourd secret de sa naissance. Par ailleurs, l'héroïne totalement privée d'affection – sa mère a fui le foyer familial sans plus jamais se manifester – ne cesse de voir son aïeule couvrir d'une écriture maniaque des centaines de pages aussitôt enfermées dans des placards. Les dernières lignes de « Papiers » renforcent encore le mystère de cette fable, offrant peut-être une explication troublante à l'énigme primordiale de l'écriture romanesque compulsive : une explication en forme de point d'interrogation !

14

Il me semble depuis longtemps, et ces pages en témoignent de manière sans doute naïve, que celles que je considère comme des sœurs de sang manifestent avec aplomb une forme de liberté créatrice magnifiquement symbolique. La mise en scène du crime, en l'inlassable jeu qu'autorise la fiction policière, n'est-elle pas, pour ces lointaines héritières d'Ann Radcliffe, le meilleur masque offert à leur imagination, véhicule idéal à tout un éventail de hantises refoulées par leur éducation ? La forme nouvelle que Jane Austen raille par snobisme dans *Northanger Abbey* venait de naître. Elle ne s'est jamais éteinte, prospérant même des deux côtés de l'Atlantique avec une vitalité sans cesse régénérée. Je pourrais discourir au point de vous lasser sur les villas hantées de Nouvelle-Angleterre chères à Mary Roberts Rinehart et à ses émules qui ont perpétué une tradition de roman de mystère située à mi-chemin de la détection et du suspense, jouant avec les arcanes du gothique au point que l'expression *gothic romance* fut couramment utilisée pour étiqueter leur production. Je pourrais également m'étendre avec plaisir sur les consœurs britanniques de Mrs Rinehart, non point celles qui revendiquent comme cheffes de file Agatha Christie et Dorothy L. Sayers, mais les praticiennes d'un type de récit illustré à l'époque victorienne par ces deux absolues maîtresses du mystère : Mrs Henry Wood et Mary Elizabeth Braddon. Toutes deux inauguraient en vérité ce qui restera dans l'histoire du roman populaire l'un de ces coins de rêve où des lecteurs des deux sexes, longtemps après ceux à qui était destinée une fiction fort méprisée des beaux esprits, trouvent un refuge douillet. Wood et Braddon ont fait souche. Ne parlant aucunement par ouï-dire mais comme lecteur assidu de ces dames, j'aurais bien sûr envie d'égrener les noms de celles qui ne connurent d'autre palmarès auprès du public francophone que la liste de la collection *Nous deux*. Elles y côtoyaient d'ailleurs de grandes signatures – Mrs Rinehart, Charlotte

Armstrong ou Ellis Peters – trop négligées par les collections plus nobles de fiction policière. À ce stade, il me paraît nécessaire de rendre hommage à l'incomparable Daphne du Maurier, responsable à elle seule d'une avalanche de *gothic romances* inouïe en raison du succès planétaire de son roman *Rebecca*. Lointaine cousine des orphelines torturées d'Ann Radcliffe, saisie certainement aussi par les émois plus subtils des créatures de Jane Austen, l'héroïne dont nous ne saurons jamais le prénom inaugure une forme de variation résolument frénétique. Les incantations de la diabolique Mrs Danvers, douloureusement éprise de la première épouse de l'évanescent Max de Winter, ont bien sûr pour but de réduire à néant la candeur matrimoniale de la malheureuse jeune femme. Mais ce ressort déjà éprouvé du suspense psychologique permet à la romancière de se livrer en filigrane à une évocation de ses propres tourments de femme mariée. La personnalité peu banale de Daphne du Maurier ou, si l'on préfère, son excentricité, a suscité d'amples commentaires sur sa sexualité. On lui a notamment attribué une relation intime avec l'épouse de son éditeur américain, Ellen Doubleday. Mais pour en rester aux origines plus ou moins secrètes du roman *Rebecca*, écrit en 1937 alors que l'auteure séjournait au Caire auprès de son mari Boy Browning, militaire de carrière, c'est précisément de lui qu'elle parle dans une confession de 1981. Elle se demande si elle eût été jalouse en apprenant que Boy avait été marié une première fois. « Je savais qu'il avait été fiancé et que les fiançailles avaient été rompues. » Et Daphne ajoute cette petite phrase particulièrement éclairante : « Elle aurait peut-être fait meilleure figure que moi dans les dîners et aux cocktails. » On l'a su depuis, cette « elle » n'était autre qu'une certaine Jan Ricardo dont la romancière, fouillant un jour dans les affaires de Boy, avait retrouvé un paquet de lettres enflammées entourées d'un joli ruban.

À la fin de l'été, le volume à couverture jaune, orné de la reproduction d'une toile éroticomythologique d'Edward Burne-Jones, renfermant les premières enquêtes de l'inspecteur Wexford, sort de l'imprimerie. Je ne suis pas peu fier de la longue introduction – quarante pages à la typographie serrée – que j'ai donnée à ce premier volume de l'intégrale Rendell. Ruth et son mari acceptent de venir passer une semaine à Paris en octobre pour sa promotion. Les critiques littéraires des magazines féminins sont au rendez-vous. Je surveille comme le lait sur le feu leurs réactions à la lecture de mes postfaces à chacun des romans de Ruth. J'y ai intégré les réflexions suscitées par mes questions à l'auteure à propos de la mise au monde de ses œuvres. Une Rendell souvent sans pitié pour ses premiers romans, qu'elle considère comme « des essais pas toujours réussis » y explique par exemple que l'idée d'*Un amour importun* lui est venue en apercevant deux jeunes écolières marchant enlacées dans la rue, non loin de la forêt d'Epping, en lisière de laquelle elle vivait à l'époque. Ou qu'elle a pour la première fois contraint Wexford à quitter ses repères de Kingsmarkham pour le faire venir à Londres « parce que, dit-elle, je vivais moi-même dans un studio d'artiste du quartier de Chelsea, dans la partie qu'on appelle The World's End ». Et d'ajouter que six mois plus tard elle partait pour Hyde Park Gardens, avant de s'installer quelque temps dans un autre des innombrables domiciles qu'elle aura connus, dont certains partagés avec son cousin Michael Richards.

La semaine promotionnelle passe comme un éclair, mais elle me laisse de merveilleux souvenirs. À commencer par les moments de relâche entre deux interviews de la « Reine du crime » comme l'appellent les journalistes, dans le *lobby* du Relais Christine, à deux pas du Pont-Neuf. Les Rendell s'y plaisent, surtout Don que j'aperçois un après-midi marchant gaillardement rue de Seine, une toile soigneusement emballée sous le bras. Tandis que l'amateur d'art court de galerie en musée, Ruth et moi parlons d'abondance. De ses livres bien sûr, passés ou à venir. Je reviens sur *Ravissements* (*Gallowglass*), paru en 1990, qui m'a beaucoup intrigué. C'est le quatrième Barbara Vine dont l'intrigue tourne autour de l'enlèvement d'une femme riche surnommée la Princesse par ses deux ravisseurs. Ceux-ci sont des marginaux soumis, comme toujours chez Rendell, à une sexualité perturbée tels les deux jeunes héros du film de Gus Van Sant *My Own Private Idaho* qu'elle me dit avoir vu. Ruth tient à me préciser :

« La relation entre ces deux garçons n'est aucunement une intrigue secondaire. C'est très important : je n'ai jamais encore abordé complètement le sujet jusqu'ici, car je me réserve pour l'avenir. J'écrirai un jour un livre consacré entièrement à l'amour que se portent deux hommes. Je n'en ai pas encore le plan bien défini mais je suis certaine d'y arriver bientôt. »

Ruth m'impressionne par l'acharnement qu'elle déploie dans l'élaboration de cette partie de son œuvre signée Barbara Vine et dont je déplore, seul dans mon coin, qu'elle soit publiée en France sous le nom de Ruth Rendell. Et je suis étonné que la romancière ne s'en soit jamais plainte auprès de moi, comme si au fond elle s'en fichait un peu.

Avisé de l'intérêt qu'elle manifeste pour les cimetières, je n'ai aucune peine à lui proposer un but de promenade dont elle ne pourra que se réjouir : la nécropole du Père-Lachaise. Don et Ruth m'accompagnent donc par une matinée de l'été indien parisien pour une visite funéraire dont je leur ai malicieusement scellé le vrai motif : la découverte de la tombe d'Oscar Wilde. Je jubile tandis que Ruth émet des petits cris d'extase devant le monument d'Epstein, d'une grandiloquence presque gênante. Don s'amuse des graffitis dont les admirateurs de Wilde ont cru bon d'orner la sépulture tandis que Ruth, qui sait tout, croit se rappeler que l'auteur du *Portrait de Dorian Gray* a d'abord été inhumé au cimetière de Bagneux en présence de son exécuteur testamentaire Robert Ross et de Lord Alfred Douglas. Ruth nomme familièrement ce dernier Bosie, le petit nom que lui donnait son amant, et je lui demande soudain si la relation des deux personnages ne serait pas pour quelque chose dans le projet de roman qu'elle évoquait quelques jours plus tôt à son hôtel. J'ai alors l'impression de l'avoir fâchée car c'est d'un ton rogue qu'elle me rétorque : « Je laisse cela à un futur lauréat du Booker ! » Tout en comprenant que j'aurais mieux fait de tenir ma langue, je me demande si elle ne pensait pas, ironiquement, à *Possession*, d'Antonia Susan Byatt, et j'ai une pensée affectueuse pour celle-ci.

Poursuivant notre exploration du Père-Lachaise, les Rendell et moi faisons une découverte : le mausolée dédié à la famille qui se partage alors avec les éditions du Masque la publication des romans de Ruth dans l'hexagone : les Calmann-Lévy... Surprise ! Ruth se dit persuadée que j'ai prémédité cette rencontre macabre inopinée alors que je jure n'y être pour rien. Don prend ma défense. Une photo immortalise le duo de la romancière et du fan... dans un cimetière où écrivains et éditeurs se retrouvent six pieds sous terre.

Cette semaine de rendez-vous incessants avec Ruth a passé si vite que j'en suis sorti à la fois enchanté, bien sûr, et un peu hébété. Mais je me demande si l'objet de mon admiration peut-être un peu haletante n'en a pas souffert. Je lui écris fin octobre, sous prétexte du succès du premier tome de l'intégrale, afin de prendre la température d'une humeur que je sais capricieuse. La dame de Nussteads me répond le 4 novembre :

« Cher François,

Ce ne fut pas du tout une mauvaise expérience. J'ai passé à Paris un bien meilleur moment qu'à l'ordinaire lorsque je fais de la promotion. Et je suis ravie d'apprendre que l'Omnibus Wexford se vend bien. Par ailleurs, mon cher Boswell, je dois vous dire que je n'ai reçu qu'un seul exemplaire de *La Dame en blanc* contenant ma préface, aussi ai-je demandé à la Folio Society de vous en envoyer un directement. J'espère qu'ils le feront. En attendant, je vous fais parvenir une copie de mon texte. »

Une joie céleste m'envahit. Ruth n'est pas fâchée. Je trouverai le lendemain dans ma boîte aux lettres son texte sur le chef-d'œuvre de Wilkie Collins publié par le plus chic club du livre britannique. Mais, surtout, c'est de recevoir l'onction littéraire suprême qui me chavire. Boswell ! Le confident légendaire du non moins fameux docteur Johnson. J'ai bien sûr saisi l'ironie gentille du propos, mais je le sens également teinté d'une forme de complicité. Et cela me plaît de me sentir complice d'une femme de lettres dont la vraie nature échappe totalement au cliché que la critique lui attribue. À quelques exceptions près, bien sûr, je pense notamment à John Mortimer, ce dramaturge et auteur culte, qui ne cesse de lui consacrer des articles élogieux sur ses romans dans le *Times*. Je me plais à lire le texte assez consistant qu'elle a dédié avec finesse à *La Dame en blanc*, roman fondateur, avec *Bleak House* de Dickens, de la fiction policière anglaise. Elle y fait une intéressante remarque dès les premières lignes, signalant avec bon sens que, à la différence d'Ann Radcliffe, ce sont des personnages vivants que Collins met en scène. Tellement réels, d'ailleurs, que les lecteurs doivent l'existence de son héroïne à la rencontre de l'auteur, un soir d'automne, sur la lande de Hampstead, avec la pensionnaire évadée d'un asile d'aliénés... Mais Rendell en vient rapidement à l'essentiel. « Toute la force de ce livre tient à ce que son lecteur, confronté à une suite d'événements sensationnels, comprend que la fiction est à peine plus étrange que la réalité. » Et Ruth rappelle que la femme en blanc rencontrée sur la lande par Collins n'était autre que Caroline Graves, la première des deux femmes de sa vie. De la seconde, Martha Rudd, l'écrivaine qui refusait de se marier aura trois enfants – une situation à la Barbara Vine.

Dans une lettre datée du 22 juin 1993 accompagnant les réponses aux questions concernant les sept romans inscrits au sommaire du deuxième tome de l'intégrale, Ruth m'informe que *Fantasmes*

(*Vanity Dies Hard*), paru à l'origine en 1966, est, dixit l'auteure, « le pire roman [qu'elle ait] jamais écrit ». Ce n'est pas mon avis. Ce livre n'a rien d'un roman policier mais se présente plutôt comme une comédie de mœurs très acide, où s'exprime le désir d'émancipation d'une femme de la *middle class*. Mais je comprends que l'auteure y voie peut-être un peu trop le décor de la vie qu'elle menait naguère dans cette grande banlieue de Londres où des ménagères dépressives, guettant vainement la venue du prince charmant, ne voient généralement surgir que le plombier. C'est d'ailleurs l'atmosphère qui baigne un autre roman de la sélection, *La Maison de la mort* (*The Secret House of Death*), publié en 1968. Ruth, toujours insatisfaite, me fait savoir qu'elle est « passée alors à côté d'une magnifique intrigue. Je l'ai complètement détruite ! Je me suis souvent reproché par la suite de ne pas avoir montré au lecteur dès le début du livre ce que Robert et Magdalene avaient planifié. Je l'ai écrit comme un *whodunit* et ce fut une grave erreur. » (J'ai bien sûr relu *La Maison de la mort* en l'imaginant construit à la manière de

Préméditation, de Francis Iles, et j'ai compris ce qu'elle voulait dire.)

Ruth termine sa lettre par ces mots : « J'achève en ce moment l'écriture de mon nouveau Barbara Vine, sur un thème que vous m'avez reproché de ne pas avoir encore abordé franchement lorsque nous étions au Père-Lachaise l'année dernière. »

En 1994 paraissent deux romans importants, l'un signé Ruth Rendell, l'autre, dont l'illustration de couverture représente la *Marie Madeleine* du Guerchin, sous le pseudonyme Barbara Vine. Ce dernier opus est celui dont l'auteure évoque la gestation dans la lettre que je viens de citer. Je me plongerai dès que la chose sera possible dans *Une mort obsédante* (*No Night is Too Long*), dédié à Phyllis Grosskurth, la biographe de l'helléniste et uraniste John Addington Symonds (1840-1893). Une dédicace qui n'est bien sûr pas sans rapport avec le thème du roman que, selon Ruth, j'appelais de mes vœux lors de notre pèlerinage désormais symbolique sur la tombe d'Oscar Wilde. Tim Cornish, le héros du livre, est un brillant étudiant qui peine un peu à suivre les cours de création littéraire dans une université de la province anglaise.

Il est bientôt saisi d'un puissant vertige amoureux à la vue du paléontologue Ivo Steadwan, amorçant avec celui-ci une manière de danse macabre ayant pour cadre une croisière en Alaska dont ni l'un ni l'autre, c'est le moins qu'on puisse dire, ne sortiront intact. Je ne resterai pas moi-même psychologiquement indemne après lecture de cette œuvre dense, tragique, dont les protagonistes se déchirent sous nos yeux au point de nous faire par instants demander grâce à celle qui leur fait vivre des jours et des nuits terribles. Ruth s'est enfin abandonnée à l'exploration des tourments qu'engendre une relation homosexuelle. Ayant à plusieurs reprises tourné autour de ce sujet sensible qui, à l'évidence, lui tient passablement à cœur, elle s'est livrée à un exercice périlleux. À l'inverse de sa consœur Patricia Highsmith qui, dans *Carol*, roman publié par prudence sous un pseudonyme, racontait l'idylle amoureuse triomphante entre deux femmes – une affaire dont Patricia elle-même avait rêvé sans la connaître –, Rendell/Vine s'ingénie à noircir le tableau d'une relation sans autre issue que sa destruction. Tim est un garçon indécis, névrosé, comme tant de jeunes gens dans l'univers de la romancière. Quant au ténébreux Ivo, il m'est impossible de dire, sans déflorer l'intrigue de cette fiction construite à la manière de Wilkie Collins, ce qui le contraint à vivre sa passion dans la douleur.

Le second roman du cru 1994 est un Wexford intitulé *Simisola*, important lui aussi parce qu'il est le reflet de l'engagement humanitaire, et du même coup politique, de l'auteure. Celle-ci vote depuis des années pour le parti travailliste. Elle participe régulièrement aux marches antinucléaires et insiste pour se dire résolument féministe. Quand bien même au cours de l'enquête menée par Wexford dans *Les Corbeaux entre eux* (1985) s'affirmait une méfiance à l'égard des « absurdités du féminisme radical », *Simisola* aborde un thème qui, dans les années à venir sera de plus en plus cher au cœur de Rendell : la dénonciation de l'oppression des femmes. L'intrigue du livre nous offre avec pertinence les réflexions du héros sur le racisme ordinaire de ses compatriotes.

J'avoue à présent ne m'être plongé qu'avec réticence dans le Barbara Vine paru en an plus tôt. *Le Journal d'Asta* (*Asta's Book*) se présente comme un retour de la romancière sur ses origines nordiques. Son héroïne est danoise comme la famille maternelle de Ruth et le roman est orchestré autour de l'existence de cette femme arrivée en 1905 à Londres, et qui n'a cessé de tenir le journal de sa vie dans sa langue natale. Ces carnets qui, une fois mis au jour par l'une des filles d'Asta et publiés, deviennent des best-sellers et donnent lieu à une série télévisée aussitôt très populaire.

À peine entré dans le flux d'un récit procédant par emboîtage, comme souvent chez Wilkie Collins, je suis saisi d'une pensée troublante. Le souvenir de ma lecture de « Papiers », une des nouvelles du recueil *Plumes de sang* s'impose à moi. La narratrice de cette histoire m'ayant passablement impressionné y évoquait l'énigme jamais résolue du manège incessant de son aïeule, couvrant d'une écriture incompréhensible pour l'enfant des carnets aussitôt confiés au secret d'un placard. J'avais enfin compris. « Papiers », cette brève nouvelle en forme de cauchemar, était le germe à partir duquel, dans l'imaginaire de la romancière, avait mûri, au fil des mois, la structure assez acrobatique du *Journal d'Asta*. La grand-mère fantomatique de la nouvelle, pareille à une apparition surnaturelle digne de M.R. James, conteur vénéré par Ruth depuis son adolescence, avait cédé la place à un personnage complexe, réaliste, digne de l'admiration du lecteur captif de Mrs Rendell.

15

J'ai fait la connaissance de Patricia Daniels Cornwell en 1990 lorsqu'elle reçut un prix lors de la publication en France de *Postmortem*, son premier roman paru deux ans plus tôt aux États-Unis. Je sympathise alors avec la jeune femme blonde au regard bleu candide, ou que j'imagine tel, qui me révèle avoir longtemps songé à marcher sur les brisées d'Agatha Christie lorsque l'envie lui a pris de se lancer dans la fiction policière. J'ai peine à croire encore à ce qu'elle m'a dit tandis que je dévore de la première à la dernière ligne le livre qui met en scène le médecin légiste Kay Scarpetta. Celle-ci vit à Richmond (Virginie) dans une maison isolée en compagnie de sa nièce, et fait équipe avec un flic nommé Pete Marino et un *profiler* du FBI pour traquer un *serial killer*. La manière Cornwell échappe à tout ce que je crois connaître en matière de thriller. C'est une action saisie d'une vraie humanité qui se développe sous la plume de cette praticienne d'un genre nouveau. Lors de la longue conversation que nous avons eue à Paris, Patricia m'a révélé qu'elle avait modelé Scarpetta sur une femme qui l'impressionne particulièrement, Marcelle Fierro, directrice de la morgue de Richmond. La nature sensible de l'écrivaine s'est bientôt associée à une forme de narration parfaitement adaptée à son propos. Un deuxième roman, *Mémoires mortes*, confirmera le miracle du premier, et je le lirai avec autant de plaisir. La soudaine célébrité de la romancière, fêtée par la critique et par un public largement conquis par son indéniable talent, va cependant lui tourner la tête. Le démon de l'écriture s'est associé à celui qui lui a fait accéder à une existence libérée, l'incitant à faire publiquement état de son homosexualité. La presse américaine signale sa présence dans toutes sortes de lieux de perdition. Un soir de 1993, alors qu'elle regagne sa villa de Malibu sur la côte californienne, elle perd le contrôle de son coupé Mercedes qui fait plusieurs tonneaux. Après un séjour dans une clinique où on l'a désintoxiquée, Cornwell se confie dans l'émission *Today* de la chaîne NBC : « Je suis ce qu'on appelle une cyclothymique, c'est-à-dire que je passe très vite d'un état à un autre. » Les tabloïds vont bientôt se repaître d'un fait divers particulièrement croustillant qui met en scène la romancière dans une situation sortie tout droit d'un de ses livres. Plusieurs organes de presse ont été anonymement avertis qu'une « auteure de romans policiers » entretenait une relation avec une femme agent du FBI. Cornwell fait aussitôt savoir que « si tout ceci était vrai, [sa] vie serait beaucoup plus palpitante ». Cependant, quelques mois plus tard, mi-juin 1996, les choses se précipitent : Eugene Bennett, un ex-membre du FBI, fait irruption dans la nef déserte d'une église méthodiste de Manassa, un faubourg de Washington, se précipite sur le révérend Edwin Clever qui se trouve là, le menotte et lui ordonne de téléphoner à son épouse, Marguerite Bennett, dont il est séparé depuis deux ans afin qu'elle vienne les rejoindre. Mrs Bennett, qui entretient une relation avec Patricia Cornwell, arrive peu après, armée. Au cours de la confrontation, elle tire en direction de son mari, sans l'atteindre... Relayé par une station de radio locale puis par la presse nationale, l'événement portera un coup sévère à la réputation déjà bien écornée de Patricia Cornwell. Si, dans la fiction, Kay Scarpetta et le séduisant docteur Benton Wesley (Benton = Bennett ?) ont entamé une relation passionnelle, les millions de lecteurs des romans à venir de Miss Cornwell prendront une joie perverse à en décrypter les péripéties. J'avoue que mon enthousiasme pour l'œuvre de l'Américaine ne tarde alors pas à fléchir, d'autant que la qualité de son inspiration semble avoir rapidement diminué. J'aurai tout de même plaisir à la revoir, découvrant lors d'un séjour qu'elle fait à Paris – entourée d'un staff féminin évoquant celui de la Pussy Galore imaginée par Ian Fleming dans les *James Bond* – à quel point les aventures de sa vie ont changé son apparence. Mais peut-être pas son âme, me dis-je en appréciant sa délicatesse lorsque je reçois de Richmond, en 1994, un exemplaire de la biographie de Harriet Beecher Stowe (l'auteure de *La Case de l'oncle Tom*) dédicacé par Joan D. Hedrick, une amie de Patricia. Je trouve dans ce livre passionnant cette citation d'un des romans de la grande héroïne de l'histoire sociale de l'Amérique :

« Existe-t-il des vies de femmes ?

— Non, ma chère, dit Mr Sewell. Dans l'ancien temps, on n'écrivait pas la biographie des femmes, encore que nombre d'entre elles l'eussent au moins autant mérité que les hommes. »

Au printemps 1996, Ruth, provisoirement infidèle à ses deux principaux éditeurs, Hutchinson (Rendell) et Viking (Barbara Vine), publie chez Jonathan Cape, la prestigieuse maison de Bedford Square, *The Reason Why*, une sélection éclectique se voulant le reflet de différentes formes d'obsessions meurtrières empruntées à des auteurs de toutes les époques et à tous les genres. Shakespeare et Kafka, Dickens et Poe y côtoient Tolstoï, Trollope, Maugham, Nabokov, Truman Capote et Dorothy L. Sayers, le but de cette moisson rouge étant de mettre en évidence la pulsion criminelle dans le roman, le drame ou la poésie. « Le meurtre en soi n'est pas intéressant, écrit Ruth dans sa préface, ce sont les passions et les terreurs qui le motivent, de même que la variété des sentiments qui suscitent l'acte de mort, rendant celui-ci à la fois révoltant et fascinant. » Elle souligne que les psychopathes et les *serial killers* sont devenus les hôtes de marque de la fiction policière, mais on a bien compris que son anthologie n'a rien à voir avec celles qui abondent dans les rayons spécialisés des librairies bien que ses propres nouvelles y aient souvent trouvé leur place. Comme pour apaiser la violence dont font preuve la plupart des « héros » de ses livres, les textes choisis par Rendell escamotent les visions terrifiantes de leur psyché déviante sous les beautés de la langue. Ils témoignent bien d'une boulimie de lecture qui ne s'est jamais tarie depuis l'enfance de la petite Ruth Grasemann éduquée par un père bibliomane. La romancière Donna Leon, rencontrée à une soirée parisienne du British Council où, en 1992, j'ai eu le privilège de présenter le premier volume de l'intégrale Rendell en présence de l'auteure, me confie : « C'est bien simple, Ruth a tout lu. Mes amies et moi passons notre vie à lire. Ce qui fait de Ruth un être d'exception, c'est que non seulement elle a tout lu mais aussi qu'elle se souvient de tout et qu'elle est capable de vous citer les mots exacts prononcés par un personnage secondaire dans une tragédie de Shakespeare. »

Miss Leon, dont le héros policier mène l'enquête à Venise, m'écrit précisément de cette ville où Henry James a situé l'action subtile, précautionneuse, sous-tendue par un authentique suspense psychologique, de sa *novella Les Papiers d'Aspern*. Or, c'est à ce texte que Ruth consacre une chronique dans les pages du *Times*, fin avril 1996. Elle rappelle que le narrateur, admirateur d'un poète américain mort à Venise dans les bras d'une beauté locale, vient récupérer auprès de celle-ci les lettres enflammées que lui adressait son amant. « Il imagine que cette Juliana Bordereau était très jolie en 1820, mais est maintenant une véritable antiquité qui vit avec sa nièce, ou peut-être sa petite-nièce, dans un vieux palais, là où se trouvent les lettres. Il rencontre Juliana, il voit la nièce et les persuade de l'accepter comme locataire. » Rendell, dont je sais la passion pour James depuis ma lecture de *La Maison aux escaliers*, se complaît à disséquer une intrigue qu'elle pourrait malicieusement détourner vers un horizon plus noir, quand bien même la fiction de son illustre confrère s'achève dans les larmes. Mais elle se contentera, dans ce joli texte où s'affirme son sens de l'analyse, de dire combien, dans *Les Papiers d'Aspern*, James a réussi à cerner l'esprit même de Venise.

16

En 1997 Ruth a soixante-six ans. Cela fait quatorze ans que Don et elle vivent dans leur ferme du XVIe siècle au milieu des bois. « Je n'ai jamais habité aussi longtemps quelque part », m'écrit la romancière, m'annonçant qu'elle a mis Nussteads en vente. Ce qu'elle ne me dit pas, c'est que son époux est malade. On lui a diagnostiqué un cancer de la prostate. Un retour à Londres se révèle nécessaire pour la commodité des soins qu'il recevra, mais je ne l'apprendrai que plus tard. Pour l'heure, la presse britannique me dévoile en revanche une très réjouissante nouvelle : Ruth est élevée par la reine au rang de pair du royaume. Elle siégera à vie à la Chambre des lords comme baronne Rendell of Babergh, un titre de noblesse assez pittoresque accompagné d'un blason représentant deux ours polaires, les animaux favoris de la romancière.

Les Rendell transfèrent leurs pénates dans les aîtres d'une belle demeure de style italien au bord du canal dans le quartier de Maida Vale, derrière la gare de Paddington. L'infatigable marcheuse entreprend de nouvelles explorations du labyrinthe londonien, ou plutôt elle y ajoute des itinéraires qu'emprunteront bientôt les protagonistes des histoires qui s'ébauchent en elle. Ainsi, la jeune héroïne de *Danger de mort* (*Grasshopper*) – le dixième Barbara Vine, publié en 2000 – qui, en compagnie d'une bande de jeunes marginaux, se promène la nuit sur les toits des immeubles londoniens ou dans des souterrains.

En avril 1999, j'apprends le décès de Don Rendell. Je fais aussitôt part de ma tristesse à Ruth qui prend la peine de me répondre, le 19, sur papier à en-tête de la Chambre des lords : « Merci pour votre mot très gentil. Je sais que vous aviez de la sympathie pour Don – lui-même était toujours content de vous voir. Il a beaucoup souffert, et pendant longtemps, avant de mourir. Sa mort, pour cette raison, fut une délivrance. Mais, bien sûr, il me manque terriblement. »

Exit le compagnon de la romancière, son chevalier servant dont elle avoue dans une interview que, deux ans après leur divorce, en 1975, elle avait compris son erreur et qu'ils devaient se remarier. « Nous nous sommes dit l'un et l'autre que nous étions faits l'un pour l'autre et nous ne l'avons plus regretté. »

Elle vivra donc seule, au bord du canal artistiquement créé par l'architecte John Nash, dans la grande maison de Maida Avenue qu'elle quitte chaque après-midi pour le palais de Westminster où elle siège avec assiduité. Elle y retrouve son amie et consœur Phyllis Dorothy James, elle aussi anoblie par la reine – elle est désormais baronne James de Holland Park. Leurs engagements politiques divergent, James affichant depuis toujours un conservatisme de bon aloi. Je l'entends encore, lors de notre première rencontre, me dire d'un ton patelin : « N'oubliez pas, *my dear*, d'écrire que j'ai longtemps travaillé pour le Home Office [le ministère de l'Intérieur britannique, N.D.A.]. » Ruth et elle auraient pu se détester. Mais elles ont eu l'intelligence de pactiser voire, à l'occasion de débats sur l'art du *crime novel*, de déployer une commune habileté à défendre et à illustrer la pratique d'un genre littéraire qu'elles ont porté très haut. P.D. James, que je retrouve à Paris pour la sortie de ses mémoires, *Il serait temps d'être sérieuse* (*Time to Bed in*) en mars 2000, m'explique avec un sourire en coin n'avoir pas eu le courage de se livrer à une véritable autobiographie, comme l'avait fait en son temps Agatha Christie. « J'ai préféré donner les fragments d'un journal intime des années 1997 et 1998. » Son livre, souvent fastidieux et terre à terre, retrace pourtant les grands moments de sa carrière, montrant le parcours d'une battante véritable à la modestie souvent un peu forcée. On la sent à chaque page fière de s'être toujours conduite en bonne chrétienne, justifiant avec des arguments imparables les mérites qu'on lui reconnaît. Et pourquoi lui en voudrait-on de s'être, un jour où l'inspiration lui faisait défaut, souvenu de façon insistante de l'intrigue de *Fin de chapitre*, roman signé Nicholas Blake (nom de plume de Cecil Day-Lewis, le père du comédien Daniel Day-Lewis) ? L'usage qu'elle fit alors d'une histoire criminelle, ayant elle aussi pour cadre une maison d'édition, lui fut brièvement reproché, mais le monde littéraire britannique n'allait tout de même pas se montrer ingrat vis-à-vis de celle dont le portrait ornant le mur d'un des salons du 10 Downing Street la couronne, aux yeux du reste du monde, souveraine régnante du *crime novel.* Reléguant Agatha Christie au rang de *queen mum* et son amie Ruth à celui de première dame d'honneur. Très sportivement, Phyllis a toujours couvert sa consœur d'éloges, par voie de presse ou de petites phrases extrêmement flatteuses imprimées en quatrième de couverture des enquêtes de Wexford et des Barbara Vine qualifiées d'« explorations remarquables des profondeurs de la psyché humaine ». Je n'ai en revanche pour ainsi dire jamais lu de semblables éloges signés Ruth Rendell au dos des romans de Miss James. Mais je l'ai entendue qualifier parfois Adam Dalgliesh, le policier-poète de Phyllis, de « créature du Yard hautement improbable », bien qu'il évolue dans un monde décrit avec un réalisme confondant. Là, peut-être, dans le décalage entre un héros légendaire et un contexte social soumis au regard implacable de cette George Eliot des problèmes sociaux contemporains, se tient le grand talent de l'auteure d'*Un certain goût pour la mort*. Moraliste rigide, certes, mais tellement attentive aux malheurs de ses semblables, P.D. James dont la vie n'a pas toujours été un chemin de roses séduit et rassure tout à la fois un public exigeant du roman d'énigme autre chose que de simples jeux de l'esprit.

De son côté, Rendell inquiète. Certains pensent même qu'elle favorise chez les lecteurs une forme de voyeurisme en exhibant dans ses livres les pires désaxés de la création. Je lui parle de la critique acerbe dont elle est parfois l'objet lorsque je la retrouve à Paris pour un déjeuner en tête-à-tête en 1998. Elle y est alors pour faire la promotion du neuvième Barbara Vine *Jeux de mains* (*The Chimney Sweeper's Boy*) dans lequel, une fois encore, elle brosse le portrait au vitriol d'un écrivain à succès et à problèmes. Elle réfute évidemment toutes les attaques de ceux qui, dit-elle, n'ont rien compris à sa démarche. Ne met-elle pas toujours l'accent sur les anomalies génétiques amenant certains êtres à sombrer de manière souvent obsessionnelle dans la marginalité et le crime ? Obsessions, superstitions et autres formes d'anxiété hantent les personnages de ses livres. Tous, ou presque tous, sont à ses yeux les victimes d'un monde cruel dont elle explore avec une constance dickensienne les recoins sombres où s'accomplissent les actes irrépressibles d'êtres prédestinés au pire. Eunice Parchman, la terrifiante héroïne de *L'Analphabète* (*A Judgement in Stone*), en est le plus bel exemple.

Début octobre 2000, je m'apprête à rencontrer, non sans une certaine appréhension, la grande romancière américaine Joyce Carol Oates. On vient de traduire *Blonde*, une œuvre monumentale qu'elle a consacrée à la mythique Marilyn Monroe. Ce livre, considéré comme un événement par la critique, ne m'a pas particulièrement ému. Je préfère les fictions plus sombres et souvent concises de cette écrivaine au talent de conteuse envoûtante, et dont la production inouïe dénote une énergie créatrice que semble contredire le physique frêle de celle qui me reçoit dans un salon d'hôtel du faubourg Saint-Germain. Alors qu'elle me tend une main maigrichonne, je me remémore les mots de Truman Capote qui, toujours galant, qualifiait Joyce Carol Oates de « monstre de foire qu'on devrait décapiter », ajoutant « ce qu'elle écrit est à vomir ». Et tandis que nous parlons de choses et d'autres (*small talk* en anglais est plus éloquent), je me prends d'une sympathie instinctive pour l'Américaine. J'ai un peu de mal à lui parler de *Blonde,* et je perçois qu'elle-même en a peut-être assez de s'exprimer sur ce livre à l'intention des critiques rameutés par son éditeur. Alors, brusquement, je m'enhardis et j'évoque les romans de mystère qu'elle publie depuis quelques années sous le pseudonyme de Rosamond Smith. J'apprends que « Smith » est son nom de femme mariée, ce qui m'amène tout naturellement à faire le parallèle avec d'autres praticiennes du roman policier, citant Christie et Rendell. Aussitôt, son visage s'illumine. « Ruth Rendell ! Je l'adore. Je guette chaque nouveau livre d'elle, et les Barbara Vine aussi bien sûr. Vous l'admirez vous-même ? » Je lui dis tout et nous échangeons nos rôles : c'est moi qu'elle interviewe ! La conversation est bientôt celle de deux maniaques de littérature policière, Joyce me parlant de ses goûts, s'amusant que je connaisse Mary Roberts Rinehart (« C'est tellement vieillot ! ») et s'extasiant comme moi, à propos du chef-d'œuvre de Helen Eustis, *L'Homme horizontal* (« tellement moderne pour l'époque, non ? »). Elle veut savoir si je connais la revue *Ellery Queen's Mystery Magazine*, où elle publie régulièrement des nouvelles, et je lui raconte que j'ai été, dès l'âge de treize ans, un lecteur assidu de l'édition française d'*E.Q.M.M.* « Et les Rosamond Smith, ont-ils tous été traduits ? », demande-t-elle. Je lui confirme en avoir lu un dans lequel est rendu un vibrant hommage à l'art sophistiqué de l'intrigue d'Ellery Queen et, faussement honteuse, Miss Oates m'avoue s'être inspirée de l'idée de *La Maison à mi-route*, l'une de ses enquêtes favorites d'Ellery. L'entretien, bien sûr minuté par une vigilante attachée de presse, ne s'achèvera qu'après que J.C.O. m'a demandé de lui confier mon adresse. « Dès mon retour à Princeton, je vous enverrai des choses à lire que vous ne connaissez pas encore. » Je la remercie et la quitte en m'efforçant de ne pas lui broyer les doigts d'une main complice.

Fin octobre, je reçois par la poste un paquet enveloppé de papier brun d'où j'extrais une édition de poche de *Snake Eyes* (*Œil-de-Serpent*) signé Rosamond Smith, et plusieurs numéros d'*Ellery Queen's Mystery Magazine* contenant chacun une nouvelle signée Joyce Carol Oates. Notre relation littéraire en restera là et je le regrette encore à ce jour.

17

Depuis qu'elle siège à Westminster, où elle se rend chaque jour en marchant d'un bon pas pendant quarante minutes avant de s'engouffrer dans le métro, notre baronne travailliste s'est fait des relations parmi ses pairs. L'idée lui est même venue, en conversant sur les bancs de la Chambre avec Lord Acton, de faire d'un imaginaire Lord Martin Nanther le héros de ce qui deviendra, en 2002, le onzième Barbara Vine, *Crime par ascendant* (*The Blood Doctor*). Usant une fois encore de la bonne vieille méthode Wilkie Collins, Ruth confronte le lecteur au *making of* de la biographie du premier Lord Nanther, médecin de la reine Victoria et dépositaire d'un terrible secret lié à ses études sur les maladies du sang. Comme dans *Le Journal d'Asta* où se développait le fantasme initié dans la nouvelle *Papiers*, ce roman s'appuie sur un ensemble d'écrits fictifs suscitant un troublant effet de réel. Deux ans plus tard, elle livre un Ruth Rendell sans Wexford, *La Treizième Marche* (*Thirteen Steps Down*), qui m'enchante pour deux raisons. D'abord par son atmosphère qui rappelle irrésistiblement celle de *D'autres chats à fouetter*, de la talentueuse Américaine Mabel Seeley, car l'essentiel du roman a pour cadre une antique demeure où survit une vieille demoiselle à la personnalité fascinante. Ensuite parce que le personnage principal, perturbé comme on peut s'y attendre, est obsédé par les crimes du légendaire Reginald Christie, le Landru londonien qui défraya la chronique au début des années cinquante, meurtrier d'au moins six femmes au 10 Rillington Place.

Mon ultime visite à la romancière a pour cadre sa grande maison au bord du canal de Little Venice. Une rencontre suscitée par la parution d'un Ruth Rendell intitulé *Regent's Park* (*The Keys to the Street*), au printemps 2007. Après m'avoir présenté ses compagnons de vie, Pearl et Archie, deux jeunes chats frère et sœur, « mais Archie est très querelleur et se bat chaque jour avec le chat tigré de la maison voisine », Ruth m'apprend qu'elle a trouvé le titre de son nouveau roman dans *Quelque chose au cœur* (*The Good Soldier*), de Ford Maddox Ford. Elle m'a souvent dit que c'était son livre fétiche sans doute parce qu'il est très proche de ceux de Henry James. « Au tout début, Florence prétend que si elle se conduit mal, ses tantes très strictes lui donneront les clés de la rue. » Ruth a choisi comme théâtre de sa nouvelle fiction les allées de Regent's Park, près duquel Don et elle ont vécu durant plusieurs années dans Cornwall Terrace.

« J'aimais aller m'y promener très tôt chaque matin et converser avec les S.D.F. qui y avaient passé la nuit. Je me suis toujours intéressée à ces gens et ce qu'ils me racontent nourrit mon travail. Ils se montrent toujours amicaux et polis avec moi. »

Je sais que, plus que jamais, Rendell use de sa notoriété pour se faire l'apôtre des sinistrés de la civilisation occidentale. De même qu'elle reverse au parti travailliste, auquel elle est restée fidèle, une part importante de ses revenus.

Son assistante nous a préparé du café. Je fais observer à Ruth qu'elle déclare détester le thé, poussant la malice jusqu'à la comparer à Hercule Poirot selon qui « ce breuvage est le poison anglais ».

Et j'ajoute, tandis qu'elle feint de s'alarmer de l'allusion à l'œuvre christienne : « Dans *Deux Doigts de mensonge* (*The Minotaur*), le dernier Barbara Vine, la narratrice au prénom imprononçable prétend que dans son pays on préfère le café. Elle incarne comme Asta la nostalgie de vos origines maternelles… Au fond, vous la comprenez lorsqu'elle s'agace des rituels anglais qui lui paraissent ridicules. » Ruth me foudroie du regard. « J'aurais de quoi dire sur vos costumes à vous autres Français ! » Changeons de sujet. Je lui demande ce qu'elle lit en ce moment et elle me montre, posé sur une table basse, un roman de Mignon G. Eberhart dont je n'arrive pas à lire le titre. Elle me regarde comme si elle attendait de ma part une réflexion du type « vous aimez encore ces vieux polars d'énigme ? » et je reste coi. Mais elle se saisit du livre et lance : « Vous ignorez sûrement que Gertrude Stein disait d'elle que c'était une des plus grandes romancières de mystère d'Amérique. » Elle me montre alors le portrait ornant la couverture du roman – il s'agit de *Another Man's Murder*, qui date des années cinquante. Mrs Eberhart a le visage d'une assez jolie ménagère américaine intimidée par l'objectif :

« Vous ne savez pas non plus qu'elle aussi a été mariée deux fois au même homme. »

Ce jour-là, je quitte le 11 Maida Avenue, ignorant que je viens de voir Ruth pour la dernière fois. Troublé, cependant, comme si j'en avais le pressentiment. Je gagne Edgware Road et marche longuement dans cette artère si souvent fréquentée par les personnages de ses romans. Comme elle, ses créatures hantées par toutes sortes d'obsessions et de superstitions vont et viennent à travers la ville immense, guidées par l'imagination de la romancière vers un but qu'elle nous révèle seulement à la dernière page. Plus tard, en regagnant mon hôtel à Cartwright Gardens après une visite au vieux et charmant libraire de Burton Street chez qui j'ai trouvé des romans de Hugh Walpole tellement oublié, le pauvre, qu'au bas de l'étagère où il dépérissait j'ai fait fuir une araignée, je songe de nouveau à celle qui occupe mes pensées depuis le matin. Et je me dis qu'elle doit se sentir bien seule dans sa grande maison depuis la mort de Don. Si Michael, le cousin qu'elle aimait comme un frère, était encore de ce monde où, d'après ce que j'ai cru comprendre, il n'avait pas trouvé sa place, il aurait pu venir vivre avec elle, comme au temps où tous deux partageaient un appartement sûrement modeste ; là où habitait quelqu'un s'appelant Richards (comme le cousin), ce qui avait donné à Ruth l'idée de l'intrigue de *L'Enveloppe mauve* (*A Demon in My View*).

Rentré à Paris, je me précipite sur tout ce que je peux trouver de Mignon G. Eberhart en anglais ou en français après avoir appris que le « G » était l'initiale de Good, son nom de jeune fille. Elle a beaucoup écrit depuis 1929, imaginant d'abord de faire mener l'enquête par une infirmière, Sarah Keate, sur le modèle de la *nurse* Adams, alias Miss Pinkerton, de Mary Roberts Rinehart. Je découvre qu'elle a également mis en scène, dans quelques nouvelles, une jeune romancière, Susan Dare. Et je me convaincs que les scénaristes de la série télévisée *Arabesque* (*Murder She Wrote*) n'ont pas eu de mal à créer le personnage de Jessica Fletcher, une sorte de P.D. James américaine mâtinée de Miss Marple, tellement bien incarnée par Angela Lansbury. Mignon Eberhart me plaît aussitôt, de même que le caractère répétitif de sa prose qu'admirait Gertrude Stein. Son écriture innocente, faussement laborieuse, passe sans cesse de l'énigme traditionnelle au thriller sentimental. Lorsque Sarah Keate ne flirte pas avec le policier Lance O'Leary dans une petite ville jamais nommée du Midwest, des jeunes femmes assez snobs de Chicago ou de Washington sont en butte aux manigances d'hommes redoutables, criminels ou même agents secrets, comme dans le remarquable *La mort n'a pas de prix*, dont l'héroïne est mêlée à une intrigue d'espionnage sur fond de Seconde Guerre mondiale épousant parfaitement son tourment amoureux. Ruth m'a signalé un hommage signé Gertrude Stein. J'en ai trouvé un autre, de la même à la même : « Personne ne peut créer une atmosphère de suspense ou décrire une scène de tension avec autant de talent que M.G.E. » Cela dans les mémoires de l'éditeur Bennett Cerf, qui publia Gertrude Stein et Mignon G. Eberhart avec le même enthousiasme. Mais je n'ai jamais su ce que Ruth aimait chez Mignon. À la différence de Paul Morand qui, dans un magnifique texte de 1934 sur la fiction policière, disait apprécier « l'étonnante précision des dépositions » dans le roman de M.G.E. *Rendez-vous de chasse*. Après tout, que cherche-t-on à aimer lorsque, pratiquant une forme de romance policière adaptée à ses propres préoccupations, autrement dit très personnelle, l'on se plonge dans l'œuvre d'un autre auteur ? J'imagine qu'une curiosité assez légitime vous incite à tenter de voir comment l'autre s'en sort. Et quand il s'agit d'une femme mariée comme vous deux fois au même homme, cette curiosité se trouve certainement aiguisée.

Lorsque j'écris n'avoir plus jamais revu Ruth Rendell après 2007, il me semble que je me trompe. Le souvenir d'un déjeuner rapide à Paris, au Café de la Paix, flotte dans une sorte de brouillard temporel, même si quelques images précises surnagent, notamment celle de la tenue vestimentaire de Ruth. Elle portait ce jour-là un tailleur gris ouvert sur un chemisier à rayures bleu nuit ou noires sur fond blanc. Végétarienne, elle commanda une belle salade et, tandis que nous parlions de tout, une feuille de roquette lui échappa et fit une tache au revers de sa veste. Je n'ai tout de même pas rêvé ce déjeuner. Du reste, une attachée de presse qu'il m'arrive encore de croiser pourrait le confirmer.

J'ai en revanche le souvenir toujours vif de quelques échanges téléphoniques suscités chaque fois par le désir d'avoir des nouvelles de ma romancière préférée. Je savais depuis de nombreuses années qu'elle répondait toujours sans hésiter lorsque la sonnerie se faisait entendre. La première fois, elle commença par me parler de ses chats avant de me conseiller la lecture d'un livre de Frances Noyes Hart qu'elle chérissait, *Le Procès Bellamy*, un classique du genre roman de prétoire se déroulant pendant un procès d'assises. Et je songeais à l'admiration que Donna Leon lui vouait lorsque Ruth me cita de mémoire les propos de l'héroïne, une jeune journaliste s'adressant à un collègue : « Savez-vous ce qu'est *L'Anneau et le Livre* ? Un procès criminel ! Et *Othello* ? Une histoire policière ! Qu'est-ce que *Hamlet* sinon cinq récits de meurtres ? Et *MacBeth* ? » Je me demande encore si elle cherchait à m'épater. Toujours est-il que j'ai vérifié quelques jours plus tard dans l'édition Hamish Hamilton du gros roman de Mrs Noyes Hart : la citation était exacte.

Un autre jour, décidant pour une fois de lui poser une colle, je lui demandai si elle savait sous quel pseudonyme publiait une certaine Juliet Hulme. Elle poussa un rugissement : « Évidemment, c'est Anne Perry. » Je dois préciser au lecteur qui connaît certainement, et apprécie peut-être, l'abondante production policière de Miss Perry, décédée récemment, que celle-ci fut condamnée pour le meurtre, en 1954, de la mère de sa meilleure amie avec la complicité de celle-ci. Au sortir d'une longue peine de prison, Juliet Hulme quitta la Nouvelle-Zélande où s'était déroulé le drame et connut une vie d'errance avant de se fixer en Écosse où elle ne cessera de publier à jet continu sous le pseudonyme que lui connaissent les amateurs de mystères victoriens. Ruth n'a pas fait d'autre commentaire que de me dire qu'elle n'avait pas tellement aimé le film de Peter Jackson, dans lequel Kate Winslet joue le rôle de Juliet Hulme. En août 2007, un journaliste du *Financial Times* lui demandant quelle actrice elle aimerait voir l'incarner à l'écran, Ruth répondra : « Judi Dench. »

18

Les années passent et sa bibliographie s'allonge. J'avoue ne plus guetter avec la même impatience la sortie des Wexford, j'en rate quelques-uns, les achetant plus tard au hasard de mes déplacements, car on les trouve partout, neufs ou d'occasion. « Le temps de la passion s'est enfui mais celui de la dévotion se poursuit », comme disait Henry James.

Dans la lettre où elle me révélait son amicale complicité avec le couple Rendell, Donna Leon me disait qu'ils s'étaient tous trois beaucoup divertis à évoquer un soir la figure tutélaire d'une autre baronne, la Hongroise Emmuska Orczy, l'immortelle auteure des exploits du Mouron rouge. Je crois qu'ils s'étaient surtout penchés sur le cas d'un autre de ses héros, moins connu des lecteurs de nos jours, celui qu'Orczy avait joliment (et mystérieusement au premier abord) baptisé Le Vieil Homme dans le coin. Elle en avait fait le tout premier *armchair detective*, rivé à la banquette d'un *tea shop* et menant l'enquête à distance grâce à une charmante jeune journaliste assemblant pour lui les éléments du dossier en cours. Désireux d'en savoir davantage sur la baronne Orczy, j'ai lu son livre de souvenirs, *Links in the Chain of Life* (littéralement « maillons dans la chaîne de la vie »), paru peu de temps avant sa mort (survenue en 1947) et déniché lors d'une incursion à Hay-On-Wye. Elle y fait le récit de son aventure émerveillée de jeune aristocrate élevée dans un milieu bohème, avant d'émigrer dans la capitale anglaise pour y faire des études d'art et y rencontrer un peintre et décorateur de théâtre qu'elle épouse, imaginant pour la scène avec lui le personnage du Mouron rouge. Leur pièce faisant un tabac au Shaftesbury Theatre, Emmuska s'empresse d'en faire paraître la version romancée en 1905, chez l'éditeur Cassell. *Le Mouron rouge* (*The Scarlet Pimpernel*) sera le premier épisode d'un long cycle de thrillers historiques dont le héros est un « sauveur » de familles nobles pendant la Révolution française. Devenue célèbre, notre baronne s'exilera un jour sur la Riviera, élevant des poissons rouges à Monte-Carlo dans un bassin du jardin clos de la villa Bijou dont je pense avoir retrouvé l'emplacement, un jour des années quatre-vingt-dix, dans une ruelle tortueuse de la principauté. La villa n'existait plus, remplacée par une hideuse résidence Bijou vouée probablement à une population n'ayant jamais entendu parler de la baronne Orczy. À moins que, par quelque miracle, ait été relaté aux résidents le haut fait de l'ancienne occupante ayant résisté avec succès aux tentatives de déportation exercées sur la personne de sa camériste Julia Perkis par l'envahisseur nazi pendant la Seconde Guerre mondiale.

C'est encore le théâtre qui aura permis à celle qui reste certainement à ce jour la plus discrète praticienne du roman de mystère de sortir de l'ombre. Mais d'abord sous un pseudonyme qui n'avait rien de féminin. Dans son livre de souvenirs *Early Stages*, paru à Londres en 1939, l'acteur John Gielgud raconte en effet avoir reçu en 1932 le manuscrit d'une pièce intitulée *Richard de Bordeaux*, signée Gordon Daviot, qu'il a aussitôt eu envie de produire. Il rencontrera son auteure lors des premières répétitions du drame à l'Arts Theater de Londres. Une Écossaise nommée en réalité Elizabeth McIntosh, vivant à Inverness en compagnie de son père, vieux et malade. « En dépit d'une timidité maladive et de son désarroi à la perspective de devoir rester quelques jours dans la capitale, Gordon est la dramaturge la plus délicieuse avec laquelle il m'a été donné de travailler. » *Richard de Bordeaux* connaît un grand succès alors que Miss McIntosh a décidé de se faire aussi un nom comme auteure de fiction criminelle sous le pseudonyme de Josephine Tey. En 1929, elle publie une première enquête de l'inspecteur Grant, *The Man in the Queue*. Elle récidive six ans plus tard avec *Le Maillot vert* (*A Shilling for Candles*), où l'on retrouve Alan Grant mais aussi une intrépide jeune fille nommée Erica Burgoyne. Ce dernier personnage ne passe pas inaperçu de deux lecteurs acharnés de romans policiers, toujours à la recherche de bonnes intrigues, le metteur en scène Alfred Hitchcock et son épouse Alma. *Le Maillot vert*, revisité par M. Hitchcock, devient le scénario de *Jeunes et innocents*.

Erica y est incarnée par l'actrice Nova Pilbeam, qui figurait déjà au générique de la première version de *L'Homme qui en savait trop*. Toutefois, c'est avec la cinquième et dernière enquête de l'inspecteur Grant, *La Fille du temps*, publiée en 1952 quelques semaines seulement avant la disparition de la romancière à l'âge de cinquante-huit ans, qu'un livre de Josephine Tey entre dans la liste des chefs-d'œuvre du genre. Le policier du Yard s'ennuie dans un lit d'hôpital avec une jambe dans le plâtre. Passant en revue quelques figures de l'histoire d'Angleterre, son esprit se fixe sur Richard III, immortalisé par Shakespeare. Commence alors, dans l'esprit enfiévré du détective, une quête de la vérité – « La vérité est la fille du temps », dit un proverbe – qui va le conduire à bluffer le lecteur de façon magistrale. C'est sans doute en songeant à ce livre que Raymond Chandler, dans sa fameuse lettre à James Sandoe, oublie un court instant sa légendaire misogynie pour saluer le savoir-faire de sa consœur. Et il a dû s'amuser de ce que, dans ses romans tout au moins, Miss Tey aimait les filles déguisées en garçon.

19

Je m'en voudrais de ne pas rendre un hommage à Margery Allingham, la seule de ses consœurs dans le crime que dame Agatha, pourtant peu disposée à ce type d'exercice, a tenu à saluer au lendemain de sa mort, montrant par là qu'elle ne lui en voulait plus d'avoir dit un jour : « Si cette Agatha connaît un tel succès, c'est parce qu'elle sort deux romans chaque année. » Il se trouve que la baronne James of Holland Park m'a également rappelé au souvenir de la mère du limier Albert Campion qui la divertissait beaucoup.

« Son œuvre est très inégale, me fit observer Phyllis Dorothy le jour où je l'interrogeai sur son autobiographie, mais elle témoigne toujours d'une grande sensibilité. Savez-vous qu'elle écrivait déjà des histoires à l'âge de sept ans car son père, un parfait excentrique, était à la tête d'une agence produisant à jet continu des fascicules populaires ? » Je me suis bien sûr renseigné, découvrant que Margery Allingham, née en 1904, élevée dans un vieux presbytère près de Colchester au sein d'une tribu familiale assez pittoresque, surprend les maîtres de l'école qu'elle fréquente par ses dons d'écrivaine précoce. Elle achève un premier roman en 1921, une histoire de pirates et de sorcières devant beaucoup à son admiration pour Stevenson, et qui est publiée deux ans plus tard avec un petit succès critique. Elle tombe alors amoureuse d'un garçon, Philip Youngman-Carter, dit « Pip », une sorte de Noël Coward au petit pied, qui fait carrière comme caricaturiste et rédacteur en chef du magazine chic *Tatler*. Mais « Pip » sera surtout le modèle d'Albert Campion, le héros dandy de Margery Allingham, flanqué d'un assistant réchappé de la guerre des Boers nommé Magersfontein Lugg. Les enquêtes de Campion, (*Crime à Black Dudley* (1929), *Mort d'un fantôme* (1934), *La mode est au linceul* (1938) ou *Le Tigre dans la fumée* (1952)) oscillent entre la fidélité au *whodunit* classique et la comédie de mœurs teintée d'un féminisme qui put, à l'époque, choquer une certaine catégorie de lecteurs. Parfaitement excentrique, Allingham paya au prix fort son association avec un homme lui-même peu banal. Pip ne trouva-t-il pas l'occasion de faire un enfant à Nancy Spain, l'amazone la plus dévergondée du milieu journalistique londonien qui devait perdre la vie dans le crash du petit avion qu'elle pilotait aux côtés de sa partenaire ? J'en profite pour signaler aux curieux que l'extravagante Miss Spain fut l'auteure d'une dizaine de romans de mystère, parmi lesquels *Racket de tennis*, traduit en 1953 dans la collection Ruban noir, laquelle ne publiait que des romans policiers écrits par des femmes. Cette série, malheureusement interrompue deux ans après sa création aux éditions Plon, était dirigée par la romancière Germaine Beaumont, critique inspirée de fiction criminelle dans *Les Nouvelles littéraires* et productrice dans les sixties de l'émission radiophonique *Les Maîtres du mystère*. J'écoutais celle-ci chaque mardi soir dans le bureau de mon père avec extase, mis en haleine par la musique du générique composée par André Popp et bouleversé par les voix de certains comédiens. Comme celle de la regrettée Andrée Tainsy.

« Après toutes ces années, j'écris toujours avec le même plaisir, et je ne dis pas que j'écris bien mais aussi bien qu'il est possible », déclare Ruth Rendell en 2009 à un journaliste. De même qu'elle m'avait annoncé, dans le petit salon de l'hôtel St Margaret, avoir mis du temps à écrire un roman se déroulant cinquante ans plus tôt (*Vera va mourir*). Et me révélant un autre jour qu'il lui avait fallu dix ans avant de se sentir capable d'accomplir cet exploit.

En 2011, âgée de quatre-vingt-onze ans, P.D. James vient enfin, après l'avoir régulièrement annoncé, de donner une suite au chef-d'œuvre de sa chère Jane Austen, *Orgueil et préjugés*. J'avoue ne pas avoir partagé sa jubilation en lisant *La mort s'invite à Pemberley* (*Death Comes to Pemberley*), regrettant avec un grand nombre de ses lecteurs que la baronne n'ait pas plutôt daigné faire vivre de nouvelles enquêtes à la trop épisodique Cordelia Gray, magnifique dans *La Proie pour l'ombre* (*An Unsuitable Job for a Woman*, paru en 1972). Nous en avions parlé lors d'une de nos rares rencontres, et la romancière s'était réjouie de me voir apprécier ce personnage de jeune enquêtrice lui tenant beaucoup à cœur. Elle m'avait alors fait une confidence. Lorsqu'elle était adolescente, elle dévorait les livres « pour filles » d'Angela Brazil et ceux de la prolifique L.T. Meade, cette dernière ayant eu pour lectrice assidue, dans les dernières années de l'ère victorienne, la toute jeune Agatha Miller. Alors pourquoi avoir mis au placard une charmante, astucieuse et ardente créature de fiction, infiniment plus attrayante que le sérieux Adam Dalgliesh ? Je pense que Phyllis, comme l'appelaient ses amis, devait avoir puisé le matériau romanesque dont elle avait besoin dans ses souvenirs de jeune fille, au temps où elle était tombée amoureuse de Connor Bantry, un étudiant en médecine d'origine irlandaise, « blond et au joli sourire ». La part de rêve associée à Cordelia Gray était destinée à gommer le cauchemar vécu par la romancière débutante peu après son mariage avec l'homme dont l'équilibre nerveux s'était brisé durant la Seconde Guerre mondiale. Cordelia Gray n'aura connu que deux printemps, avant de laisser la place à un amateur d'architecture religieuse, de chats et – *of course my dear* – de l'œuvre de Jane Austen. Tel est cet

Adam Dalgliesh dont la morale rigide a parfois quelque chose de glaçant. Quoique d'infiniment respectable.

Phyllis Dorothy James s'éteint à l'âge de quatre-vingt-quatorze ans le 27 novembre 2014. Apprenant cette nouvelle par une amie qui vit à Londres, j'ouvre son livre de souvenirs et tombe par hasard (?) sur les deux pages consacrées à Polly-Hodge, le chat blanc défunt de la romancière. Lors de notre dernière rencontre, elle m'avait longuement parlé de cette femelle au pelage abondant avec laquelle, pendant plus de dix ans, elle avait partagé sa maison de Holland Park Avenue. Avant d'être baptisée du nom du chat légendaire du docteur Johnson, Polly-Hodge avait d'abord fait quelques timides apparitions dans le jardin du 58 puis s'était laissé approcher par la charmante dame qui s'était pourtant juré de ne plus avoir de compagnon félin après la mort de ses deux birmans, Pansy et Cuthbert. « À la fin, je n'ai pu résister, écrit la romancière, je lui ai apporté une assiette de Whiskas. »

En juillet 2014 paraît *Celle qui savait tout* (*The Girl Next Door*) signé Ruth Rendell. Un roman qui met l'accent, de façon impitoyable, sur les ravages de la vieillesse. Les protagonistes de cette comédie de mœurs macabre se remémorent, pour les besoins de l'intrigue criminelle, leur enfance dans un faubourg du nord de Londres, celui-là même où a grandi Ruth Grasemann. La romancière n'y est vraiment pas tendre avec ses contemporains. Mais n'a-t-elle pas toujours été une créature plutôt mordante ?

20

2015. Au cours de la deuxième semaine du mois de janvier, Ruth est victime, au 11 Maida Avenue, d'un grave accident cardiovasculaire. Transportée à l'hôpital, elle sombre bientôt dans un coma profond. Son état reste stable durant de longues semaines tandis que son fils Simon la veille. Un second malaise cardiaque a raison de ses dernières forces et elle s'éteint le 2 mai, à l'âge de quatre-vingt-cinq ans. Dans sa préface au roman *Doctor Thorne* donnée aux éditions Penguin Classics, Ruth dit que Trollope « écrivait tout le temps et même à cheval s'il avait pu ». Je me dis qu'elle parle de sa propre compulsion qui a fini par lui être fatale.

À son arrivée du Colorado où il réside depuis de nombreuses années, Simon Rendell trouve sur la table de travail de sa mère une pile de feuillets sortis d'une imprimante : le roman qu'elle venait de terminer. Ses éditeurs chez Hutchinson, la firme à laquelle Ruth est restée fidèle depuis le milieu des *sixties*, se chargeront de la préparation du texte qu'elle n'a pas eu le temps de corriger.

Les cendres de la romancière iront rejoindre celles de Don Rendell au cimetière de Groton, une localité du Devon où, quelques années plus tôt, le couple avait acheté une maison de campagne, revendue par Ruth peu de temps avant sa mort.

Les Coins obscurs (*Dark Corners*), titre faisant référence au « duc des coins sombres » évoqué dans *Mesure pour mesure* de Shakespeare, est proposé aux lecteurs avec, en guise d'avertissement, un extrait d'une interview donnée par l'auteur au *Sunday Telegraph* dix ans auparavant : « Pour quelqu'un, être amené à donner la mort doit être un poids terrible. Je pense avoir réussi à faire en sorte que ceux qui me lisent éprouvent de la pitié pour mes psychopathes, comme c'est le cas en ce qui me concerne. » Elle dit « mes psychopathes » comme elle parlerait de ses enfants, des « enfants de la nuit », pour reprendre l'expression emphatique proférée par Béla Lugosi dans le film *Dracula*. Après les avoir débusqués dans les coins sombres du monde réel puis associés à ses rêves de fiction, elle est partie les rejoindre en enfer. Mais non, j'exagère. Sans doute suis-je en train de lui reprocher d'avoir cessé d'alimenter mes propres angoisses de lecteur délicat puisqu'elle n'écrira plus jamais. Ruth Rendell et Barbara Vine sont mortes et plus jamais je ne m'aventurerai avec délices à la découverte de leurs livres, *Never more* !

Les semaines passent. Une fois encore, je me suis plongé dans *La Maison aux escaliers*, qui reste mon Rendell préféré. J'y retrouve Elizabeth Vetch et sa protectrice, Cosette, la grande bourgeoise excentrique dont le modèle, dans la vie réelle, a dû exercer une grande influence sur Ruth. Elizabeth, obsessionnelle, explore avec anxiété le labyrinthe de sa vie passée, hantée par la créature maléfique retrouvée par hasard dans une rue de Londres à la première page du livre. Un livre qui n'a cessé de m'obséder depuis sa première lecture.

Alors je m'arrache à ces pages où la magie de l'œuvre à peine refroidie n'en finit pas d'agir. Mais il m'est encore impossible d'y échapper vraiment car une idée me trotte dans la tête, qu'elle y a semée sans l'avoir peut-être voulu. À Maida Avenue, nous avions brièvement parlé de Mignon G. Eberhart, cette romancière mariée deux fois au même homme, comme Ruth. J'ai cherché à en savoir davantage sur elle, découvrant que les historiens du genre policier, de même que les critiques, n'en faisaient pas grand cas. Je m'amuse à la lecture du seul propos de Mrs Eberhart déniché dans un magazine des années cinquante : « Je travaille les jours ouvrables à mes romans et le week-end je m'occupe de ma maison car je suis une femme d'intérieur. » Chez les Rendell, me rappelé-je, c'est Don qui faisait le ménage. Je me demande alors ce que Ruth a pu apprécier chez sa consœur américaine et je me remémore ce qu'elle m'a confié un jour – peut-être au cours de notre déjeuner au Café de la Paix au début des années 2000 – alors qu'elle rentrait d'un séjour à Denver, chez son fils et sa belle-fille. « J'aime les vieux films hollywoodiens et le glamour des comédies très typées. Ils ont un côté artificiel qui agit sur moi de façon reposante. » Les romans de Mignon G. Eberhart possèdent le charme suranné des premiers polars d'Otto Preminger ou de Mankiewicz. Leurs décors lugubres, les tenues de leurs héroïnes et le dandysme affecté de leurs partenaires masculins devaient stimuler l'imagination de la jeune faubourienne de South Woodford. Les rues de Chicago balayées par la pluie et le vent dès les premières pages des best-sellers d'Eberhart – *La Femme mystérieuse*, *Le Guet-apens*, *La Tache rouge*, etc. –, la nuit tombant sur les rives du lac Michigan, l'atmosphère mélodramatique de ces romances criminelles forcément irréalistes témoignent d'une sensibilité qu'on ne trouve ni chez la doyenne Mary Roberts Rinehart ni chez Agatha Christie. J'ai dévoré vos livres, chère Mignon, Shéhérazade en semaine et ménagère le week-end. J'ai aimé vos héroïnes toujours soupçonnées de meurtres qu'elles n'ont pas commis et sauvées *in extremis* par de beaux jeunes gens qu'elles-mêmes ont pris pour des assassins. J'y ai trouvé du plaisir et un apaisement singulier, comme un réconfort pour mes chagrins secrets.

Lors de notre dernière conversation téléphonique, brève comme chaque fois car je l'interrompais peut-être dans son travail, j'ai tenu à partager avec Ruth l'information que je venais d'apprendre. Elle concernait *Carol*, le roman longtemps « caché » de Patricia Highsmith parce que publié sous le pseudonyme de Claire Morgan à l'orée de sa carrière. Ruth l'avait lu, bien sûr, et disait l'avoir beaucoup aimé. On venait de rééditer ce livre, cette fois sous la véritable identité de son auteure. *Carol*, dont l'héroïne sera incarnée plus tard à l'écran par Cate Blanchett, raconte une belle histoire, l'idylle entre une petite vendeuse des grands magasins Frankenberg et une femme du monde qui entraîne sa jeune conquête dans un vagabondage amoureux à travers l'Amérique. Cette fiction est née alors que Patricia, âgée de vingt-sept ans, elle-même vendeuse chez Bloomingdale's, à New York, s'était éprise d'une ravissante et très chic cliente blonde. Dans la réalité, rien ne s'est passé comme dans le livre que Patricia aura bientôt l'idée d'écrire. Au contraire, elle grelotte de fièvre derrière son comptoir depuis qu'un des enfants qui fréquentent le rayon jouets lui a transmis la varicelle. Mais l'écrivaine débutante, dont le premier roman *L'Inconnu du Nord-Express* n'existe encore qu'à l'état de manuscrit, a soigneusement noté l'adresse de la cliente blonde qui a demandé à être livrée à domicile. Elle mène l'enquête à Ridgenwood, une banlieue résidentielle où vit cette Mrs Senn qu'elle aperçoit un jour au volant d'un coupé Studebaker bleu ciel. *Carol*, publié en 1952, se vendra à près de un million d'exemplaires en édition de poche. Patricia Highsmith ignorera longtemps que la fascinante créature ayant stimulé ses facultés créatrices venait de mettre fin à ses jours quelque temps plus tôt en s'asphyxiant au monoxyde de carbone dans le garage de sa luxueuse résidence. En contradiction avec le dénouement heureux du seul roman de Patricia dans lequel personne ne meurt. Je pris Ruth à témoin, naïvement sans doute, du fait que nos destins se moquent bien des intrigues des reines du suspense. Elle partit aussitôt de ce rire que Donna Leon compare à un rugissement et me dit : « Mais mon pauvre François, vous ne comprenez donc rien aux femmes ! » J'aurais alors dû lui lancer ce que Dirk Bogarde avoue piteusement dans le film de Jack Clayton, *Chaque soir à neuf heures* (*Our Mother's House*) : « Les femmes sont dangereuses, elles ne sont pas comme nous ! » Mais je n'ai pas osé.

DU MÊME AUTEUR

Romans

Fabriques, Seuil, « Fiction & Cie », 1977.
Le Dernier Crime de Celia Gordon, Seuil, « Fiction & Cie », 1979.
Profanations, Seuil, « Fiction & Cie », 1982.
Tabou, Seuil, « Fiction & Cie », 1985.
Julius exhumé, Seuil, « Fiction & Cie », 1990.
L'Usine à rêves, Robert Laffont, 2009.
Le Mariage de Kipling, Robert Laffont, 2011.
Un garçon disparaît, Rivages, 2014.
Le Secret d'Irvin, Rivages, 2021.

Biographies

Agatha Christie, duchesse de la mort, Seuil, « Fiction & Cie », 1981 ; Le Livre de Poche, 2008.
Souvenir d'Enid Blyton, Ramsay, 1982 ; L'Herbe qui tremble, 2023.
Frédéric Dard ou la Vie privée de San Antonio, Fleuve noir, 1999 ; Pocket, 2010.
Un long et merveilleux suicide. Regard sur Patricia Highsmith, Calmann-Lévy, 2003.
J.M. Barrie, le garçon qui ne voulait pas grandir, Calmann-Lévy, 2005.
Hergé. Portrait intime du père de Tintin (avec Benoît Mouchart), Robert Laffont, 2011 ; « Bouquins », 2023.
Le Divin Chesterton, Rivages, 2015.
Épitaphe pour Alfred Hitchcock, Payot, 2018.

Edgar P. Jacobs. Un pacte avec Blake et Mortimer (avec Benoît Mouchart), Bruxelles, Les Impressions Nouvelles, 2021.
Arthur Conan Doyle, Tallandier, 2023.

Essais

Un personnage de romans, Pierre Horay, 1987.
Le Club de la rue Morgue. L'art de filer les livres à l'anglaise, Hatier, « Brèves littérature », 1995.

Livres illustrés

Jules Verne. Images d'un mythe, Henri Veyrier, 1978.
Grand Guignol (avec Gabrielle Wittkop), Henri Veyrier, 1979.
Les Couleurs du noir : biographie d'un genre, Chêne, 1989.
Les Promenades d'Agatha Christie, Chêne, 1995.
Les Héros de notre enfance, Chêne, 2008.
Agatha Christie. La romance du crime, Éditions de La Martinière, 2012.
Villa mauresque (avec Floc'h), La Table ronde, 2013.
Cocteau, l'enfant terrible (avec Laureline Mattiussi), Casterman, 2020.
Une amitié singulière (avec Floc'h), Dargaud, 1977-2020.
Edgar P. Jacobs, le rêveur d'apocalypses (avec Philippe Wurm), Glénat, 2021.

Composition et mise en pages
PCA – Rezé

Achevé d'imprimer en février 2024
par CPI BUSSIÈRE (18200 Saint-Armand-Montrond)
pour le compte des éditions Calmann-Lévy
21, rue du Montparnasse 75006 Paris

PAPIER CERTIFIÉ

CALMANN LEVY s'engage
pour l'environnement en réduisant
l'empreinte carbone de ses livres.
Celle de cet exemplaire est de :
500 g éq. CO_2
Rendez-vous sur
www.calmann-levy-durable.fr

N° d'éditeur : 5643265/01
N° d'imprimeur : 2076504
Dépôt légal : mars 2024
Imprimé en France.